세계평화통일가정연합

여성신학 개론

김민지

청파랑

서 문

'여성신학'은 신학에 대한 깊이 있는 이해를 가지지 못한 사람들도 쉽게 비판 또는 지지의 입장을 취하게 하는 신학으로 생각됩니다. 많은 사람들이 '여성신학'이라는 용어가 '여성들이 하는 신학, 여성에 관한 신학, 여성적인 성격을 띤 신학'으로 이해하기 때문입니다. 그러나 여성신학은 '여성이 하는, 여성에 관한, 여성적인 신학'이기 전에 '여성의 해방을 목표로 하는 신학'입니다.

기독교 여성신학의 다양한 논의를 살펴보면, 그 출발과 목적, 그리고 방향은 학자마다 견해의 차이가 있지만 여성 해방을 궁극적 목표로 한다는 점에서는 공통적입 입장을 공유하고 있습니다. 세계평화통일가정연합(이하 가정연합)의 여성신학 또한 여성의 해방을 핵심 목표로 합니다. 그러므로 '가정연합의 여성신학은 무엇인가?'라는 질문에 대한 답은 '여성이 하는 신학, 여성에 대한 신학, 여성적인 신학'이 아니라, '여성의 진정한 해방을 위한 신학'이라는 전제에서 시작해야 할 것입니다.

'여성의 해방'이라는 말은 여성주의 담론에서 중심적 위치를 차지하고 있지만, 일부 남성들에게는 불편함이나 경계심을 유발할 수도 있습니다. 이는 여성의 권리 신장과 평등 추구라는 본래의 의도가 때때로 남성에 대한 비판이나 배제의 메시지로 오해되기 때문입니다. 특히 전통적인 성 역할에 익숙한 이들에게는 '해방'이라는 단어가 기존의 질서를 무너뜨리고 새로운 갈등을 조장할 수 있다는 인상을 줄 수도 있을 것입니다. 그러나 '여성의 해방'은 남성과 여성 모두가 억압적 구조에서 벗어나 서로 상생하는 관계를 지향하는 데 그 본질적 의미가 있습니다. 따라서 이를 대립적인 개념으로 이해하기보다는, 모든 성별이 함께 동등한 가치를 존중하며 조화롭게 공존하는 사회를 지향하는 메시지로 받아들이는 것이 중요합니다.

 『통일사상요강』 서문에도 '통일사상은 여성해방운동의 이념'이라고 천명되어 있습니다. 그러나 이러한 명쾌한 선언에도 불구하고 여성해방운동의 이념으로서 통일원리나 통일사상에 대한 연구는 충분히 이루어지지 않았던 것이 사실입니다. 여성 해방의 관점에서 볼 때, 가정연합의 여성신학이란 과연 무엇이며, 기존의 기독교 여성신학과 어떤 차별점이 있는가에 대한 체계적인 정리는 아직 부족합니다.

 이제 가정연합 여성신학의 학문적 정립을 위해 가정연합이 어떤 여성해방의 틀과 경험을 가지고 있는가를 연구하고 논의해야 될 시점입니다. '무엇이 가정연합 여성신학인가?'라는 논의 없이 기독교 여성신학에 대한 단편적 혹은 피상적 이해 또는 통일사상의 부분적 해석 만으로 가정연합 여성신학을 논의할 수 없기 때문입니다.

참부모님께서는 "지금까지 인류역사와 종교역사는 남성 위주로 나왔습니다. 기독교도 하나님 아버지만 이야기했습니다. 부모인데 어머니가 없었습니다. 어머니 없이 아기가 탄생할 수 있습니까? 99.99% 어머니로 말미암아 생명이 탄생되는 것입니다. 지금 이 시대는 남성 위주로 나온 시대가 완전하지 않기 때문에, 내려놔야 하는 때입니다."(2024.2.23.)라고 말씀하시며, 하늘부모님의 꿈인 인류구원과 평화세계는 남성과 여성의 하나됨 위에서 이루어져야 한다고 강조하셨습니다. 그동안 남성 위주로 진행된 역사의 흐름을 이제 남성과 여성이 함께 이끄는 역사로 만들어야 한다는 것입니다.

이제 신학적 관점에서 여성과 남성이 조화를 이루는 이상적 천일국 공동체를 모색하고, 그동안 가려져 왔던 여성의 가치와 경험을 연구하고 정리되어야 할 것입니다. 이를 위해 가정연합의 여성신학 정립을 위한 기초를 마련하고자, 그동안 대학 강의에서 사용한 교재와 연구 논문들을 정리하여 한 권의 책으로 엮었습니다.

아직도 '여성해방'이나 '여성신학'이라는 개념 자체에 대한 부정적 시각을 가진 분들이 많은 것이 현실입니다. 그러나 가정연합의 신학적 틀 속에서 여성의 가치와 역할을 새롭게 정립하는 첫걸음을 누군가는 내디뎌야 하기에 용기를 내어 봅니다. 부족한 첫 걸음이지만, 독자 여러분의 비판적 시각과 학문적 제안을 통해 앞으로 나아갈 수 있기를, 그 길이 외롭지 않기를 기대합니다. 여성신학은 지속적으로 발전해야 할 분야이며, 이를 위해 다양한 관점의 학자들과 독자들이 함께 토론하고 고민하는 과정이 필요합니다.

이 책이 이러한 과정의 작지만 소중한 출발점이 되기를 바라며, 앞으로의 비판과 보완 과정을 통해 보다 깊이 있는 내용을 담은 개정판으로 발전해 나갈 것입니다. 이 책을 읽는 모든 독자가 가정연합 여성신학의 발전을 위한 작은 씨앗을 함께 심어주시기를 간절히 소망합니다.

끝으로, 이 책이 나오기까지 도움을 주신 모든 분들께 감사드리며, 이 책이 여성신학 연구와 실천의 여정에 작은 기여가 되기를 기원합니다.

2025년 2월

김민지

목 차

1부

가정연합
여성신학의 신학적 기초

I

여성신학의 탄생과 발전

여성신학은 여성의 경험과 현실을 신학적 맥락에서 새롭게 이해하고 해석하려는 노력에서 시작되었다. 이러한 여성신학의 탄생과 발전은 여성운동의 흐름과 깊은 연관을 가진다. 여성운동은 여성의 권리와 평등을 주장하며 사회적 불평등을 바로잡기 위한 실천적 운동으로, 여성신학이 형성되는데 사상적, 역사적 기반을 제공하는 원천이었다. 따라서 여성신학을 이해하기 위해 여성운동의 역사와 주요 논제를 먼저 살펴보고자 한다.

1. 가부장제와 여성운동

여성운동은 남성과 여성 간의 사회적, 경제적, 정치적 불평등을 극복하고 여성의 권리와 자유를 보장하기 위한 노력으로 시작되었다. 여성운동의 초기 역사는 단순히 여성의 권리를 주장하는 것을 넘어, 인간의 존엄성을 되찾고 사회적 정의를 실현하려는 움직임이었다. 이는 다양한 시대적, 지역적 맥락 속에서 전개되었지만, 그 뿌리는 산업혁명과 계몽주의라는 근대적 변화에서 찾을 수 있다.

18세기 후반부터 시작된 산업혁명은 여성운동의 초기 배경을 형성하는 중요한 역사적 사건이었다. 산업혁명 이전까지 여성들은 대부분 가정 내에서 농업과 가사 노동에 종사하며 그 역할이 제한되었다. 그러나 산업혁명이 시작되면서 여성들은 가정이라는 사적 영역을 넘어 공장노동자로 대거 유입되어 공적 영역에서 남성과 동등하게 경제활동을 하게 되었다.

그러나 여성 노동자들은 남성과 동일한 시간 동안 동일한 직종에 근무하면서도 낮은 임금과 열악한 근무 환경에 시달렸다. 여성들은 남성과 동등한 노동조건을 보장받기 위해 노동조합을 결성하고 집회를 통해 여성 노동자의 권리를 주장하기 시작했다. 여성들이 자신의 권리를 위해 연대하면서, 불평등한 기존의 질서에 도전하는 첫 번째 움직임이라 할 수 있다.

이와 함께 18세기 계몽주의는 여성운동의 사상적 기반을 제공했다. 계몽주의 사상가들은 인간의 이성과 자유, 평등을 강조하며, 여성들에게도 자신의 권리를 주장할 철학적 토대를 마련해 주었다. 당시 유럽은 산업혁명 이후 등장한 자본주의 경제구조 속에 민주주의가 도입되면서 시민사회가 형성되었다. 전제군주사회에서 크게 성장한 부르주아 계급이 사회의 주도권을 잡으면서 1688년 영국의 명예혁명을 시작으로 1776년 미국의 독립혁명, 1789년 프랑스혁명 등의 시민혁명을 통해 봉건적 신분제도를 종식시키고 모든 시민들이 정치적 자유와 법 앞의 평등을 가질 수 있는 자유주의를 확산시켰다.

존 로크(John Locke)는 이러한 사회를 자유롭고 평등한 개인이 사회계약에 의해 구성하는 시민사회라고 명명하였다. 시민사회는 중세 신분사회를 벗어나 근대적 개인의 자유와 권리를 자각하였으며 교육의 기회를 제공하였다.

그러나 여성들은 바뀐 법 체제 안에서도 남성인 가장의 법적 통제 아래에 놓여 있었다. 모든 기혼 여성은 남편의 보호를 받는 법적인 약자였기에, 여성의 상속, 재산, 임금 등 모든 소유가 남편의 소유가 되었다. 남편은 아내에게 부여된 모든 법적 권한을 소유하였으며 이혼의 권리나 친권을 행사할 수 있는 권리 등이 없었다. 오히려 과거 소수의 특권층 여성들이 정치에 참여할 수 있었던 통로마저 차단되어 여성들의 법적 권한은 더욱 열악해졌다. 여성은 열등하고 무능력하다는 전통적인 생각이 이러한 입법의 근거가 되었다.

여성들은 이러한 정치적 변화 속에서 위치와 역할이 축소되는 것을 경험하면서 법적으로 남성과 동등한 권리를 가지고자 노력하였다. 영국에서는 기혼 여성이 자신의 소득에 대한 통제권을 획득하기 위한 입법운동이 일어났으며 기혼여성의 재산권을 인정하고 외도한 배우자에게 이혼을 요구하고 친권을 가질 수 있는 법적 권리를 얻고자 목소리를 높였다.

초기 여성운동의 대표적인 문헌으로 평가받는 메리 울스턴크래프트(Mary Wollstonecraft)의 저서 『여성의 권리 옹호』(A Vindication of the Rights of Woman, 1792)는 여성도 남성과 동등한 교육을 받을 권리가 있으며, 인간으로서의 잠재력을 실현해야 한다고 역설하였다. 이러한 사상적 변화는 여성운동의 방향을 구체화시켰으며, 여성들이 교육과 직업, 그리고 정치적 참여를 요구하는 목소리를 높이는 데 기여했다. 계몽주의는 특히 서구 사회에서 여성운동이 사회적 변화의 주요 흐름으로 자리 잡는 데 중요한 역할을 했다.

19세기 후반과 20세기 초반은 여성운동이 정치적 참여, 특히 참정권을 중심으로 전개된 시기였다. 여성의 법적 권리를 위한 노력 중 가장 대표적인 것은 여성참정권이었다. 당시의 많은 남성들은 여성이 이성적 판단을 할 수 없기에 가장인 남성에게 투표권을 위임하는 것이 옳다고 생각하였으므로 여성참정권은 기혼여성 재산권보다 인정받는데 더 오랜 시간이 걸렸다. 여성이 남성과 동일하게 이성적 판단을 할 수 있는 존재이며 정치에 참여할 권리가 있다는 것을 인정받기 위해 서구 사회의 여성들은 힘든 투쟁을 해야 했다.

1848년 미국 뉴욕주 세네카 폴스에서 열린 세네카 폴스 대회(Seneca Falls Convention)는 여성 참정권 운동의 출발점으로 여겨진다. 이 대회에서는 엘리자베스 캐디 스탠턴(Elizabeth Cady Stanton)과 루크레시아 모트(Lucretia Mott) 등 주요 인물들이 여성권 선언(Declaration of Sentiments)을 발표하며 여성의 평등권과 참정권을 요구했다. 영국에서는 에멀린 팽크허스트(Emmeline Pankhurst)가 이끄는 여성사회정치연합(WSPU)이 참정권 운동을 적극적으로 전개했다. 이들은 집회, 시위, 심지어 단식투쟁과 같은 급진적인 방법을 통해 정치적 권리를 요구했다.

이러한 노력은 20세기 초 서구 여러 나라에서 여성 참정권이 법적으로 인정되는 성과로 이어졌다. 1893년 뉴질랜드가 세계 최초로 여성참정권을 인정하였으며 호주는 1902년, 유럽에서는 1906년 핀란드가 최초로 여성 투표권을 인정하였다. 미국에서 흑인은 1870년에 투표권이 주어졌지만 여성은 이보다 50년이 지난 1920년에 투표할 수 있게 되었다. 시민사회의 흐름을 이끌었던 영국은 1928년, 프랑스는 1946년에 여성참정권이 인정되었다.

여성의 정치적 역할 변화와 함께 경제적 역할 변화도 주목해야 할 변화이다. 산업혁명 이후 탄생한 자본가계급과 노동자계급은 서로 다른 변화를 경험하였다. 즉 중산층 이상의 여성들과 노동자계급의 여성들은 다른 삶을 살았기에 함께 논의할 수 없는 한계가 있었다.

우선 중산층 이상의 여성들은 노동에서 배제되었다. 이들은 집 밖에서 노동할 필요가 없었을 뿐만 아니라 집 안에서도 하녀들을 거느리고 있었기 때문에 일을 하지 않았다. 이들은 부자인 남성의 만족과 즐거움을 위해 존재하면서 한 인간으로서의 개성이나 인격을 갖추기 위해 노력할 필요가 없었다. 당시 여성들은 지적으로 남성보다 열등하다고 간주되어 전문적인 교육을 받을 수 없었기에 좋은 남성과 결혼하는 것을 인생의 목표로 하였다. 중산층 여성은 법적으로 어떠한 권리도 행사할 수 없었으며 남편은 법적으로 부인을 때릴 권리를 가졌다.

이러한 현실에 대해 울스턴크래프트(Mary Wollstonecraft)는 『여성의 권리옹호』를 통해 비판하면서 여성도 이성을 가진 온전한 인격체로서 평등한 교육과 정치 참여의 기회를 제공받아야 한다고 지적하였다. 그녀는 여성이 독립적으로 살아가기 위해 경제력과 교육이 필요하다는 것을 강조하면서 스스로 가정교사로 사회활동을 시작하였으며 여학교를 운영하여 여성 교육을 위해 헌신하였다.

이후 많은 여성들이 남성과 동등하게 교육받을 권리를 가지기 위해 노력했으며 여성의 사회진출을 제한하는 법적이고 관습적인 여러 제약을 타파하기 위한 운동을 전개하였다. 이들은 여성이 남성보다 지적으로 열등하고 육체적으로 약하다는 가치관은 잘못된 신념이라고 비판하면서 남녀의 현실적인 능력 차이는 사회가 여성을 배제함으로써 여성의 잠재적 능력이 개발되지 못했기 때문이라고 지적하였다.

헤리엇 테일러 밀(Harriet Taylor Mill)은 남녀가 생물학적 차이가 있지만 지적 또는 도덕적 차이는 없으며, 설사 특정 부분에서 차이가 있다고 하더라도 이것이 여성을 차별하고 역할을 제한하는 근거가 될 수 없다고 하였다. 또한 남성의 우월한 지적 성취는 더 많은 교육과 특권의 결과일 뿐 선천적인 우월성이 아니라고 지적하였다. 그녀는 여성의 동등한 교육권과 참정권 보장을 위해 활발한 운동을 전개하였다.

그러나 19세기 초까지 많은 여성들은 교육 받을 기회를 가질 수 없었다. 19세기 중엽 영국에서 독신 여성이 증가하면서 여성들을 위한 전문학교가 설립되기 시작하였으며 간호전문대를 시작으로 차츰 여성들의 전문직 진출이 가능하게 되었다. 그러나 여성의 임금은 남성 임금의 30-50%에 불과했으며 결혼 후에는 직장을 그만두어야 했다.

노동자계급의 여성들은 더욱 열악한 상황에서 일해야 했다. 이들은 가정부나 섬유공장의 직공 등으로 일하였는데 하루 16시간 이상 일하면서도 남성들이 일하기를 거부하는 곳에서 더 적은 임금을 받고 일해야 했다. 이들은 결혼 후에도 결혼 전에 했던 일을 하면서 가사노동과 육아를 병행해야 했으므로 3중고에 시달렸다. 노동자계급의 여성들이 남성들과 같이 무료로 의무 초등교육을 받게 된 것은 19세기 후반이었다.

2. 여성운동의 전개

20세기 들어 두 번에 걸친 세계대전은 여성들의 일자리에 큰 변화를 가져왔다. 세계대전 기간 동안 여성들은 남성들의 일자리를 거의 모든 분야에서 대체하게 되었다. 평소 여성들에게 배타적인 산업분야에서도 여성들의 고용이 일어나면서 여성에 대한 인식 역시 크게 변화하였다.

프랑스의 경우 1918년 군수공장에 고용된 여성이 91만 명으로 전쟁 발발 이전보다 4배 정도 증가하였으며 영국이나 러시아는 농촌에서 농사를 짓는 여성이 폭발적으로 증가하였다. 전쟁에 직접 참전한 여성도 영국 9만 명, 독일 1만 7천 명, 미국 1만 2천 명 등에 이르렀다. 물론 전쟁 이후 여성들은 다시 일자리를 잃게 되었지만 사회의 전반적인 흐름이 바뀌게 되었다.

이후 서구사회 뿐만 아니라 산업화된 사회는 여성에게 교육의 기회를 제공하였으며 공적 영역에 참여하도록 하였다. 여성이 교육과 고용에서 남성과 동등한 지위를 얻으면서 노동에 참여하는 여성은 과거 어느 시대보다 증가하였으며, 남성과 동등한 권리를 얻으려는 여성들의 움직임도 활발하게 일어나게 되었다.

제1차 세계대전 이후 여성에게 참정권이 부여되면서 여성운동은 소강상태에 들어갔다. 20세기 여성들은 모든 직업에서 남성과 동등하게 일할 수 있는 공평한 기회와 같은 작업장에서 같은 일을 할 경우 남성과 공평한 임금을 받을 수 있는 권리 등을 쟁취하는데 집중하였다. 또한 많은 여성들이 대학교육의 혜택을 받게 되면서 장기적으로 여성 일자리가 증가하고 여성 고용이 확대되었다.

1961년 케네디대통령은 '여성지위 대통령자문위원회(Presidential Commission on the Status of Women)'을 설치하는 등 여성의 지위 향상을 위한 제도들을 모색하였다. 그러나 1960년대 미국을 중심으로 여성들은 성차별 문제가 여전히 존재한다는 것을 지적하면서 '제2의 물결(The second wave)'라는 여성해방운동을 시작하였다.

여성들은 당시 흑인의 평등을 위한 인권운동과 베트남전쟁 반대운동을 중심한 반전운동 등에 참여하면서 인종차별주의처럼 뿌리 깊은 성차별이 여전히 존재한다는 것을 절감하였다. 인권운동에 참여하는 남성들도 여성이 남성보다 열등하기에 적합한 일이 따로 있다는 고정관념으로 총무나 비서, 서기와 같은 보조적인 일을 맡겼으며 여성의 능력을 인정하지 않았다. 또한 남성은 열등한 여성에게 너그럽게 온정을 베풀어야 한다고 생각하며 여성을 동등한 인격체로 생각하지 않았다. 일부 남성들은 여성을 성적 대상으로 취급하면서 성희롱과 성폭행 등으로 여성의 인권을 유린하기도 하였다. 이러한 현실을 통해 여성들은 과거 세대가 달성한 법적 평등만으로는 완전하지 않다는 것을 깨달았다. 여전히 여성들은 배제되고 차별받으며 억압받고 있었다.

3. 다양한 여성운동의 목소리

미국에서 시작된 여성해방운동은 자유주의부터 사회주의, 급진주의, 문화주의까지 다양한 사상을 바탕으로 조직되었으며 서로 연합체를 구축하면서 여성의 권익 신장을 위해 연대하였다.

1) 자유주의 여성운동(Liberal Feminism)

자유주의 여성운동은 여성운동 초기부터 나타난 운동으로 개인의 자유와 평등을 강조하며, 여성의 권리와 기회 확대를 통해 성차별을 제거하려고 노력하였다. 이 운동은 18세기 계몽주의와 자유주의 철학의 영향을 받았으며, 개인의 합리성과 자유로운 선택의 권리를 핵심 가치로 삼았다.

자유주의 여성운동은 모든 개인이 평등한 권리를 누려야 한다고 주장하며, 성별에 따른 차별을 철폐하고 법적, 정치적, 경제적 평등을 추구하였다. 여성의 권리를 보장하기 위해 법률과 제도를 개혁하는 데 초점을 두었으며 여성 참정권 운동이나 교육권 확대 운동을 펼쳤다. 이들은 법적 권리를 보장하는 것을 중요하게 생각했기에 기존의 사회 구조를 급격히 변화시키기보다는, 점진적인 개혁을 통해 평등을 실현하려 하였다. 이들의 노력으로 19세기 여성 참정권 운동이 활발히 전개되었으며, 이는 20세기 초 서구 여러 나라에서 여성의 투표권이 법적으로 인정되는 성과를 이루었다.

그러나 자유주의 여성운동은 주로 중산층 백인 여성의 관점을 반영하며, 집단적 억압보다는 개인의 권리와 기회에 초점을 맞춘다는 비판을 받았다. 또한 사회 구조적 불평등을 충분히 다루지 못하고, 법과 제도적 개혁에만 초점을 맞춘다는 한계가 지적되었다. 이러한 성과와 비판에도 불구하고 자유주의 여성운동은 여전히 여성의 기본적인 권리와 자유를 보장하기 위한 여러 노력을 하고 있으며 여성의 정치적 참여, 직장 내

성평등, 임금 격차 해소, 그리고 법적 권리 보장을 위한 다양한 활동으로 이어지고 있다.

2) 급진주의 여성운동(Radical Feminism)

급진주의 여성운동은 1960년대와 1970년대의 반전 운동과 시민권 운동에서 영향을 받아 형성되었다. 이들은 자유주의 여성운동이 여성 억압의 구조적 문제를 충분히 다루지 못한다고 비판하며, 여성 억압을 근본적으로 해결하기 위해서는 기존 체제의 전복이 필요하다고 주장하였다. 이들이 비판한 기존 체제의 핵심은 가부장제로 이를 철폐하지 않고 진정한 성평등은 불가능하다고 보았다. 또한 성차별을 사회의 가장 근본적인 억압의 형태로 간주하고, 이를 근절하기 위해 기존의 사회적, 정치적, 문화적 구조를 철저히 해체해야 한다고 주장하였다.

또한 급진주의는 여성의 몸과 성적 자유가 여성 억압의 중심에 있다고 보며, 성폭력, 가정폭력, 포르노그래피 등의 문제를 주요 문제로 제기하였다. 이들은 'Take Back the Night' 집회를 열어 여성들이 밤거리를 안전하게 다닐 권리를 주장하였으며, 여성의 낙태권과 생식권을 통해 여성이 자신의 몸에 대한 완전한 통제권을 가져야 한다고 요구했다.

여성이 생물학적으로 담당하게 되는 출산과 육아라는 조건을 초월하여 어머니와 아내로서의 전통적인 역할을 거부해야 한다는 극단적인 주장을 하는 사람들도 있었다. 보부아르(Simone de Beauvoir)는 남성과 여성이 생물학적으로 다르기에 여성이 출산이라는 운명을 거부해야 생물학적 조건을 초월할 수 있다고 하면서 급진적인 입장을 나타냈다. 프리던(Betty Friedan) 역시 여성이 어머니와 아내로서만 존재할 수 있다는 의식은 미디어에 의해 형성된 것이기에 직업을 유지하기 위해 노력해야 한다고 하였다. 프리던은 결혼과 모성을 부정하지는 않았으나 직업적 경력보다 결혼을 우선시해서는 안된다고 지적하였다. 그러나 후에 그녀는 여성운동이 여성혐오에 대한 반응으로 남성혐오로 나아간 것은 잘못이라고 지적하면서 초기 여성운동으로 돌아갈 것을 주문하기도 하였다.

이러한 급진주의 여성운동은 기존의 남성 중심적 사회 구조를 완전히 해체하고, 새로운 사회적 질서를 세우는 것을 목표로 하였기에 남성에 대한 적대감을 높이고 남성과 여성의 대립을 심화시킨다는 비판을 받았다. 그러나 성폭력과 가부장적 구조에 대한 문제의식을 제기하여 여성운동의 폭을 확장하였으며 성폭력, 성적 자기결정권, 성별 고정관념 등의 문제를 인식하는데 기여한 것으로 평가받는다.

3) 사회주의 여성운동 (Socialist Feminism)

사회주의 여성운동은 성차별과 여성 억압의 원인을 자본주의와 계급 구조에서 찾으며, 성별뿐만 아니라 계급, 인종, 경제적 억압을 함께 다루는 포괄적인 접근법을 취하였다. 이들은 마르크스주의와 페미니즘을 결합하여 여성 억압의 경제적, 사회적, 정치적 원인을 분석하고 이를 해결하기 위한 방안을 모색하였다.

사회주의 여성운동은 자본주의가 여성의 경제적 종속과 가사노동을 통해 이익을 창출한다고 본다. 여성이 가정에서 무급 노동을 제공함으로써 자본주의 시스템이 유지되고 있다는 점을 지적하면서 여성 억압은 성별 차별뿐 아니라 계급, 인종, 경제적 불평등과도 밀접히 연결되어 있다고 분석하였다. 따라서 여성의 권리는 개인의 권리가 아니라, 경제적 구조와 사회 시스템 전반을 변화시켜야 보장될 수 있다고 보았다.

사회주의 여성운동은 가사노동이 자본주의 생산체제를 유지하는 데 핵심적 역할을 한다고 주장하면서, 가사노동의 사회적·경제적 가치를 인정받기 위한 운동을 전개하였다. 그리고 공장과 노동 현장에서 여성 노동자의 임금, 노동 시간, 근로 환경 개선을 위한 노력을 전개했으며 여성의 노동 시장 참여를 돕기 위해 집단적 보육과 사회적 복지 시스템 구축을 강조하였다.

이러한 사회주의 여성운동은 여성의 문제를 계급 문제의 부차적인 것으로 간주하는 경향이 있어 여성 억압의 특수성을 충분히 반영하지 못한다는 비판을 받았다. 또한 개인의 자유와 권리보다는 집단적 목표에 초점을 맞추어 자유주의 여성운동과 대립하기도 했다. 그러나 페미니즘과 경제학, 사회학의 결합을 통해 여성 억압의 구조적 문제를 심층적으로 분석하는 데 기여하였으며 성별, 계급, 인종 등 다양한 여성억압의 구조를 탐구하도록 하였다.

4) 문화주의 여성운동 (Cultural Feminism)

문화주의 여성운동은 1970년대 제2물결 여성운동의 한 분파로 등장하였다. 당시 급진주의 여성운동의 일부 흐름에서 파생된 문화주의는 가부장제의 억압적 특성을 비판하면서, 여성의 문화적 가치를 부각시키고 이를 통해 사회적 변화를 이루려 하였다. 특히 문화주의 여성운동은 여성의 고유한 경험과 가치를 강조하며, 여성성과 관련된 긍정적인 속성을 사회적으로 재평가하고 부각시키려 하였다. 이 운동은 여성과 남성이 본질적으로 다르다는 관점을 기반으로, 여성적 특성이 남성적 특성과 동등하거나 때로는 더 우월하다고 주장하였다.

이들의 가장 큰 특징은 여성성의 긍정적 평가로 돌봄, 양육, 공감, 비폭력과 같은 여성적 특성이 사회를 더 평화롭고 조화롭게 만들 수 있는 중요한 요소라고 강조하였다. 전통적으로 남성적 특성(경쟁, 권력, 지배)이 주도하는 사회 구조를 여성적 특성을 중심으로 재구성하고 사회적 가치를 전환해야 한다고 주장하면서 법과 제도의 개혁뿐만 아니라, 문화와 가치관의 근본적 전환을 통해 여성의 지위를 개선하고자 하였다.

문화주의 여성운동은 여성의 경험과 가치를 중심으로 한 여성중심 공동체를 형성하여, 남성 중심적 문화를 대안적으로 변화시키려는 운동을 하였으며 여성 예술가와 작가들은 여성의 경험과 정체성을 표현하는 작품을 통해, 여성적 특성을 재발견하고 이를 확산시키는 여성문화운동을 전개하였다.

이러한 노력은 모성과 돌봄을 긍정적인 가치로 부각시키며, 이를 사회적 연대와 조화의 핵심으로 간주하는데 기여하였으나 오히려 남성과 여성의 본질적 차이를 강조하여 젠더 고정관념을 강화할 위험이 있다는 비판을 받았다. 또한 여성의 경험을 동질적으로 다루며, 인종, 계급, 성적 지향 등 다양한 여성의 경험을 충분히 반영하지 못했다는 지적도 제기되었다.

이러한 비판에도 불구하고 문화주의 여성운동은 여성의 경험과 가치를 사회적으로 재평가하는 데 기여했으며, 이는 생태여성주의와 같은 새로운 이론적 흐름으로 발전하였다. 특히 여성의 감정적, 윤리적, 사회적 기여를 강조하는 담론은 오늘날까지도 다양한 페미니즘 운동에서 중요한 역할을 하고 있다.

이밖에도 다양한 사상과 관점을 포괄적으로 수용하면서 여성운동은 다양한 목소리를 내고 있으며 백인 중산층 여성 중심의 시각에서 흑인, 제3세계 등의 다양한 여성들의 경험 등을 주목하며 다양한 이론과 운동으로 전개되고 있었다.

4. 여성신학의 등장과 발전

미국에서 1800년대 적극적으로 여성참정권 운동을 전개하던 스탠턴(Elizabeth Cady Stanton)은 여성차별적 시각의 근거가 성경에 있다는 것을 인식하고 1895년 『여성의 성서(Woman's Bible)』을 출판하였다. 이 책은 성서 주석서로 성서의 남녀불평등사상은 하나님의 뜻이 아니라 성서를 기록한 사람들의 의식을 따른 것이라는 입장을 견지하였다. 예를 들어 창세기 1장은 바벨론 포로기 전후로 기록되었고 창세기 2장은 1장보다 앞선 왕국시대 전기에 기록되었다는 것을 지적하면서, 창세기 1장에서 하나님의 형상을 따라 남녀를 창조하였다고 기록한 것과 달리 창세기 2장에서 남자를 위해 여자를 창조하였다고 기록한 것은 기록자들의 의식이 변하였기 때문이라고 설명하였다.

그녀는 정치와 종교는 상호의존적이기에 정치 사회적 여성 평등을 위한 개혁은 종교에서도 이어져야 한다고 강조하면서 여성은 남성을 위해 창조되었으며 남성을 위한 보조자로 살아가는 것이 하나님의 뜻이라고 교회에서 가르칠 때 어떠한 정치적 평등도 이루어질 수 없다고 주장하였다. 성서의 가르침을 올바로 해석하는 것이 성차별적 인식을 바꾸기 위한 필수적인 요소라고 지적한 것이다.

스텐턴의 관점을 계승하여 1960년대 세이빙(Valerie Saiving Goldstein)과 데일리(Mary Daly) 등의 여성신학자들이 등장하였다. 세이빙은 기독교 신학에서 교만을 죄라고 가르치는 것은 남성의 경험에 기초한 것이라고 지적하면서 여성의 죄는 지나친 의존과 자기 정체성의 결여, 자기 포기라고 지적하였다. 여성 역시 하나님의 형상으로 창조되었음에도 불구하고 자기를 포기하는 것은 죄이며 용감하게 자신을 드러내고자 노력해야 한다고 주장하였다.

세이빙의 논문 이후 데일리의『교회와 제2의 성』(Church and the Second Sex, 1968)이 발표되었다. 가톨릭 신자였던 데일리는 바티칸 제2공의회에서 여성에 대한 획기적인 변화의 계기가 될 것으로 기대했으나 실망한 후 보부아르(Simone de Beauvoir)의 책인『제2의 성』에서 통찰을 얻어 제2의 성인 여성, 타자로서의 여성에 대한 문제를 기독교와 연결지어 분석하였다. 기독교의 남성중심적 신 개념이 남성성/여성성을 고정적으로 보게 하며 남성지배를 정당화하는 가부장적인 기제의 역할을 하고 있다고 비판한 것이다. 그녀는 기독교 내에서 고정된 남성 신이 아니라 역동적인 신으로 상징을 해석하여 여성에게 희망을 줄 수 있다고 주장하였으나 두 번째 저서인『하나님 아버지를 넘어서』(Beyond God the Father, 1973)에서는 급진적인 입장을 나타냈다. 데일리는 가부장적인 기독교 신학이 여성 억압의 도구로 사용되었다고 강하게 비판하면서, 기존의 남성 중심적인 신학용어를 거부하고 여성을 해방시키기 위한 급진적인 신학을 주장하였다.

로즈마리 루터(Rosemary Radford Ruether) 또한 전통적인 가부장적 신학을 비판하였지만 데일리와 달리 신학의 범주 내에서 여성의 경험과 시각을 반영한 여성신학적 담론을 개척하였다. 그녀는 사회적 정의, 생태적 책임, 그리고 종교적 평등을 중심으로 신학적 논의를 전개하였으며, 여성해방과 교회의 변화를 촉구했다. 『성차별과 신학』(Sexism and God-Talk: Toward a Feminist Theology, 1983)에서 루터는 하늘부모님이 남성적 이미지로만 묘사하는 것이 문제라고 지적하면서, 하늘부모님의 여성성과 포괄적인 속성을 강조하였다. 또한 남성/여성, 이성/감성, 초월/내재 등의 이원론적 사고가 불평등과 지배를 정당화하는 도구로 사용되고 있다고 비판하면서 이원론을 해체하고 상호의존적이고 평등한 관계를 기반으로 하는 신학적 재구성을 시도하였다.

피오렌자(Elisabeth Schüssler Fiorenza)는 남성중심적인 성경 해석의 문제를 비판하면서 여성의 관점을 복원하기 위해 노력하였다. 그녀는 『그女를 기억하며』(In Memory of Her: A Feminist Theological Reconstruction of Christian Origins, 1983)에서 성경해석이 남성중심적이고 가부장적인 전통에 의해 왜곡되어 왔으므로 문자적으로 읽을 것이 아니라 그 안에 내재된 억압적 요소를 분석하고 여성의 목소리와 역할을 탐구하였다. 특히 신약성서를 여성의 시각에서 새롭게 해석하여 초기 기독교 공동체의 평등성과 여성의 역할을 강조하였으며 성경의 재해석을 통해 현대 신학과 교회의 성차별적 구조를 비판하고 여성의 해방과 평등을 추구하는 여성신학을 정립하였다.

맥훼이그(Sallie McFague) 역시 전통적인 신학의 하나님 아버지의 이미지를 비판하면서 생태신학과 여성신학을 결합하여 독창적인 신학적 비전을 제시하였다. 그녀는 『Models of God: Theology for an Ecological, Nuclear Age』(1987)에서 하늘부모님을 새로운 은유와 상징으로 이해하며, 특히 여성적 이미지와 모성을 기반으로 한 하늘부모님 이해를 강조하였다. 맥훼이그는 '전지전능한 하나님 아버지'로 표현되는 은유적 이해가 지배적이고 위계적인 관계를 정당화하는 도구로 사용된다는 점을 비판하면서, 하늘부모님을 친밀하고 상호 의존적인 존재로 재구성하고자 하였다. 하늘부모님은 위계적이고 초월적인 존재가 아니라 인간과 자연, 그리고 생태계 전체와 깊이 연결된 존재로 이해해야 한다고 주장하면서 여성신학의 지평을 넓혔다.

각각의 주장에 차이가 있지만 여성신학자들은 전통적인 기독교 신학이 여성의 경험을 배제하고 있다고 비판하는 공통점이 있으며 가부장제에 의한 여성차별과 억압을 거부하고 여성의 시각과 경험으로 신학적 해석을 하고자 노력하였다. 모든 성서 해석은 일견 가치중립적인 것으로 보이지만 해석자나 역사가의 가치관이나 편견에 의해 기록부터 해석까지 가부장적이며 성차별적인 시각이 개입될 수 있다고 보고 이를 재구성하는 관점 또한 공통적이다.

5. 여성신학의 전제와 주요 논점

여성신학은 전통적인 가부장적 신학 구조를 비판하고 여성의 경험과 관점을 반영하여 새로운 신학적 틀을 재구성하기 위해 등장했다. 여성신학의 두 가지 공통된 전제는 첫째, 기존의 가부장적 신학 전통을 비판하고 해체하는 단계와 둘째, 여성의 경험과 시각을 반영하여 신학을 재구성하는 단계로 나눌 수 있다. 이 두 단계는 상호 보완적이며, 여성신학이 지향하는 해방과 평등이라는 목표를 실현하기 위한 필수적인 과정으로 이해된다.

여성신학의 첫 번째 단계는 전통적 신학이 가진 가부장적이고 억압적인 요소를 비판하고 해체하는데 있다. 전통적인 기독교 신학은 역사 속에서 남성 중심의 사회 구조를 유지하며 강화하였기에 여성의 목소리와 경험은 배제되거나 왜곡되었다. 나아가 성경과 교회 전통에 내재된 가부장적 요소를 분석하고 이를 비판적으로 검토한다. 성경에서 여성이 의도적으로 지워지거나 축소되었음을 비판하고, 성경과 교회의 전통이 어떻게 여성을 억압하고 이를 정당화해 왔는가를 지적한다.

두 번째 단계는 새로운 신학적 틀을 수립하는 재구성의 단계이다. 비판과 해체의 단계를 거친 여성신학은 새로운 신학적 틀을 재구성하는 단계로 나아간다. 여성신학은 여성의 일상적 경험과 삶의 현실을 신학적 성찰의 출발점으로 삼는다. 이는 여성들이 직면한 억압과 차별의 현실을 바로 보게 하고, 앞으로 나아가야 할 창조적이고 해방적인 가능성을 조명하는 것이다. 또한 여성뿐만 아니라 그동안 가려졌던 인종, 계급, 문화 등 다양한 정체성과 교차성을 반영하여 포괄적 관점을 가지도록 한다. 여성신학은 하나님 아버지의 이미지를 넘어 새로운 이미지를 재구성하며 성경 속 여성의 이야기를 복원하고, 성경 본문이 담고 있는 의미를 여성의 경험을 반영하여 새롭게 해석하고자 노력한다.

이러한 전제 위에 가장 많은 논의가 이루어지는 주제는 다음과 같다.

첫째, 여성신학은 전통적 기독교 신학이 하나님을 왕, 아버지로 이해하는 것에 반해 그동안 가려졌던 하나님의 여성성을 밝히고 수평적이고 친근한 하나님의 이미지를 강조하였다. 슈라이(Heinz-Horst Schrey)는 기독교가 하나님의 모성적 요소를 상실한 것은 큰 문제이며 잃어버린 모성을 회복할 때 구원받을 수 있다고 주장하였다. 데일리 역시 하나님은 성을 초월한 존재이나 여성 안에 내재하는 자기 긍정적인 존재 또는 여성에 내재하는 창조적 통전성의 심원한 근원으로서 여성신을 제시하였다.

그러나 여성신학자 중에서 하나님을 아버지가 아닌 어머니로 이해하는 것에 반대하는 학자들도 있다. 류터(Rosemary Radford Ruether)는 여성신학자들이 하나님의 여성성을 찾아 고대사회의 모신(母神) 숭배를 기반으로 가이아(Gaia)를 제시하는 것을 부정적으로 평가하였다. 그녀는 부모 모델은 여전히 하나님과 인간의 관계를 의존적인 관계로 설정한다고 지적하면서 소외된 이웃의 곁에서 함께 하는 친구로서의 하나님을 증거하였다. 맥훼이그(Sallie McFague) 역시 남성중심적 은유를 비판적으로 분석하면서 왕이나 아버지로 은유 되는 수직적이고 억압적인 하나님이 아니라 친구 또는 애인 등의 수평적이고 친밀하게 존재하는 하나님의 이미지를 제안하였다.

둘째, 여성신학은 남성과 여성이 동등한 인격체임을 밝히고자 하였다. 여성신학자들은 여성차별적 시각이 위계적인 이원론적 사고구조에서 유래한다고 지적하였다. 류터는 남성/여성-이성/감성-초월/내재-영혼/육체의 이원론적 사고가 우월과 열등, 지배와 종속의 위계적 질서를 정당화한다고 비판하면서 어떤 특정한 심리적 요소들을 남성이나 여성의 것으로 결부하는 것은 근거가 없다고 하였다. 예를 들어 이성과 남성, 감성과 여성을 연결하는 것은 근거가 불분명하다는 것이다. 오히려 남성과 여성의 차이보다 동성 간의 차이가 더 많으며 각기 다른 개성을 가지고 있을 뿐이다. 일반적인 남성과 여성의 차이는 생물학적인 차이가 아니라 후천적인 사회화 과정에서 나타나는 것이 많고 남성과 여성은 차이보다는 유사성이 많기 때문에 남성과 여성의 불평등을 정당화할 수 있는 근거가 되지 못한다고 주장하였다. 나아가 남성과 여성에 대한 차별적 이미지는 인간의 가능성과 잠재성을 억누르는 결과를 가져오며 사회적 기대를 위해 개성을 억압해야 하는 불행을 야기하게 된다고 하였다.

셋째, 여성신학은 남성 메시아로 온 예수에 대한 여성적 이해를 제시하였다. 전통적 기독교 신학은 남성 예수는 하나님이 남성인 것을 중명하는 존재로 이야기하였으며 이를 근거로 여성은 사제로 안수받을 수 없다고 주장하였다. 이에 대해 여성신학자들은 예수가 마태복음 23장 37절에서 "암탉이 그 새끼를 날개 아래에 모음 같이 내가 네 자녀를 모으려 한 일이 몇 번이더냐"라고 하면서 자신을 암탉에 비유한 것처럼 어머니의 역할을 하였다고 주장하였다. 십자가에서 예수가 인류의 구원을 위해 죽은 것은 어머니가 목숨을 걸고 출산을 하는 것과 같으며 인류에 대해 무조건적인 사랑을 주면서 성만찬에서 몸과 피를 나눠주는 것은 어머니가 자녀를 양육하는 것과 같다는 것이다.

예수가 비록 생물학적 남성으로 생육하였으나 당시의 남성들이 하지 않았던 여성적인 어머니 역할을 한 것은 남성과 여성을 초월한 존재를 의미한다고 보았다. 브록(Rita Nakashima Brock)은 예수는 언제나 여성과 이방인, 가난한 사람들처럼 사회에서 소외된 사람들을 돌보았으며 평등한 공동체의 일원으로 대하였다고 지적하였다. 예수는 위계적인 지배와 종속의 관계를 맺지 않았고 겸손하게 자신을 낮추면서 사랑을 실천하고자 노력하였다. 이러한 예수의 모습은 여성들에게 새로운 삶의 비전이 되었다. 그러나 여성신학자들의 이러한 주장에도 불구하고 하나님의 실체로 나타난 남성 예수는 여전히 여성신학의 난제였다.

II

하늘부모님에 대한 이해

1. '하나님 아버지'의 기원과 상징

'하나님 아버지'라는 명칭은 성경과 기독교 전통에서 중요한 신앙적 상징으로 자리 잡아 왔다. 상징은 종교의 구성 중 중요한 요소이며 인간의 일상성을 넘어서는 것이라 할 수 있다. 리쾨르(Paul Ricoeur)는 종교적 상징이란 초월적 실재와 유한한 인간을 연결하는 매개라고 설명하면서 상징이 단순한 표현을 넘어 더 깊은 의미를 암시하며 이를 통해 인간의 실존적 질문과 초월적 경험을 탐구할 수 있다고 하였다. 예를 들어 빛과 어둠은 선과 악, 구원과 절망과 같은 초월적 의미를 드러낼 수 있는 상징이며 인간은 이러한 상징을 해석하면서 더 깊은 신학적, 철학적 통찰에 도달할 수 있다는 것이다.

틸리히(Paul Tillich) 역시 인간은 유한하고 궁극적 실재는 무한하기 때문에 언어를 넘어설 수 있는 상징을 통해 궁극의 세계를 표현할 수 있다고 하였다. '하나님'을 '아버지'라고 표현할 때 아버지라는 상징 자체가 하나님은 아니며 언어로 파악될 수 없는 신성(神性)을 아버지라는 상징으로 표현하는 것일 뿐이라는 것이다.

구약성경은 하나님을 여러 차례 아버지로 묘사하고 있다. "어리석고 지혜 없는 백성아 여호와께 이같이 보답하느냐 그는 네 아버지시요 너를 지으신 이가 아니시냐 그가 너를 만드시고 너를 세우셨도다."(신명기 32:6)라고 하면서 하나님은 이스라엘을 창조하시고 돌보시는 아버지로 표현된다. "아버지가 자식을 긍휼히 여김 같이 여호와께서는 자기를 경외하는 자를 긍휼히 여기시나니"(시편 103:13)에서도 하나님은 자녀를 불쌍히 여기는 아버지처럼 자신을 경외하는 자들을 불쌍히 여기신다는 표현이 나온다. 이러한 성경 구절들은 하나님이 단순히 창조주이자 초월적인 존재가 아니라 이스라엘 백성의 보호자이자 돌보는 존재, 즉 아버지와 같이 가까운 존재임을 나타내는 상징이었다. 유대민족은 구약을 통해 하나님을 아버지이자 유대민족과 특별한 언약의 관계를 맺은 왕, 주재자, 재판관 등으로 기록하였다.

신약성경에서 예수님은 하나님을 '아버지'로 호칭하며, 이 개념을 더 깊이 발전시켰다. "이르시되 아바 아버지여 아버지께는 모든 것이 가능하오니 이 잔을 내게서 옮기시옵소서 그러나 나의 원대로 마시옵고 아버지의 원대로 하옵소서 하시고"(마가복음 14:36)에서 예수님은 하나님을 부를 때 '아바'(Abba)라고 하였는데 이는 아람어로 '아빠' 또는 '부친'을 의미하는 친근한 표현이었다. 권위를 가진 아버지를 나타내는 말이 아니라 친밀하고 신뢰할 수 있는 부자관계를 상징한 것이다.

또한 예수님은 제자들에게 기도할 때 "하늘에 계신 우리 아버지"라고 시작하라고 가르쳤다.(마태복음 6:9) 이후 이 기도는 '주 기도문'으로 기독교 신자들의 모든 의례에서 사용하면서 큰 영향을 미쳤다. 하나님은 모든 인류의 아버지로 사랑과 돌봄으로 일용할 양식을 주시는 가깝고 친밀한 분이자 죄를 사하여 주시며 악에서 구원하여 주는 존재로 인식되었던 것이다.

성경에서 사용된 언어는 종교적 상징이 되어 신학적 논의 속에서 심화되고 체계화되었다. '하나님 아버지'는 인간과 가깝고 친밀한 동시에 권위를 가지며 보호해주는 관계임을 나타냈으며 예수님 이후 신약을 통해 인간은 하나님을 창조주와 피조물의 관계를 넘어 사랑과 돌봄의 새로운 관계를 맺을 수 있게 되었다.

이후 기독교 신학은 삼위일체 교리에서 '하나님 아버지'를 '성부(聖父)'로 지칭하며 그 이미지를 더욱 구체화하였다. 예수님은 하나님의 아들이자 하나님 자신이라는 신앙적 고백 위에 "그러므로 너희는 가서 모든 민족을 제자로 삼아 아버지와 아들과 성령의 이름으로 세례를 베풀고"(마태복음 28:19)라는 말씀에 기초하여 삼위일체론은 성부인 아버지와 성자인 아들 예수님, 성령이 하나님의 같은 본질이며 위격에서 차이가 난다는 신학을 정립하였다.

'아버지'라는 명칭은 하나님의 초월적 존재와 동시에 내재적 역할을 표현하는 것으로 하나님은 인간과 자연을 초월하는 존재로서 모든 것을 통치하며 질서를 부여하는 절대자이자 창조주의 권위를 지닌다. 동시에 하나님은 자녀를 돌보는 아버지로서 친밀하고 일상적인 관계 속에서 인간을 이끌며 역사하신다는 것이다. 이렇게 '하나님 아버지'라는 명칭은 인간이 하나님과 깊이 연결되어 있다는 신앙적 인식을 심화시켰다.

"무릇 하나님의 영으로 인도함을 받는 사람은 곧 하나님의 아들이라,

너희는 다시 무서워하는 종의 영을 받지 아니하고 양자의 영을 받았으므로 우리가 아바 아버지라고 부르짖느니라, 성령이 친히 우리의 영과 더불어 우리가 하나님의 자녀인 것을 증언하시나니"(로마서 8:14-16)라는 성경 구절은 인간이 하나님의 자녀로서 받아들여졌다는 기쁨을 나타내고 있다. 하나님을 아버지로 부르는 것은 사랑과 신뢰를 표현하는 상징적인 언어로 하나님에게 우리의 모든 것을 온전히 맡기고 의지하도록 한 것이다. 또한 하나님은 자녀로서 인간을 사랑하시며 돌보시므로 신앙을 통해 하나님에 대한 절대적인 믿음과 사랑을 가져야 한다는 것을 강조하였다.

이렇게 '하나님 아버지'라는 명칭은 성경적 기원과 초대 교회의 신학적 발전을 통해 형성된 중요한 신앙 상징이었다. 이는 하나님과 인간 사이의 친밀함과 사랑, 하나님의 초월적 권위와 내재적 돌봄을 동시에 나타내며, 기독교 신앙에서 하나님에 대한 이해를 풍성하게 하는 역할을 해왔다.

2. '하나님 아버지'에 대한 문제제기

'하나님 아버지'라는 명칭은 기독교 신앙에서 오랜 전통을 통해 자리 잡은 상징적 표현이지만, 여러 신학적, 사회적, 문화적 한계와 문제점이 내포되어 여러 신학적 비판이 제기되었다.

첫째, 하나님을 '아버지'로 부르는 명칭은 남성 중심의 권력 구조를 정당화하는 도구로 작동되어 왔다. 하나님을 남성적 속성으로 동일시하여 남성의 권위를 절대화하고 가부장제를 신학적으로 정당화하는데 기여하였다. 남성은 가정 안에서 하나님과 같은 절대적 권위를 대변하는 것으로 여겨졌으며 가정과 사회의 주도적 위치를 차지하는 것이 자연스러운 질서로 수용하도록 만들었다. 교회 역시 남성이 하나님의 형상을 온전히 반영한다고 보는 관점으로 발전하여 교회의 리더십을 남성이 독점하는 것을 정당화하였으며, 여성은 보조적 역할로 한정되었다.

성경 속 하나님에 대한 묘사는 다양한 이미지를 포함하고 있음에도 불구하고 '아버지'라는 명칭이 중심에 놓이면서 남성중심적 해석이 강화되었다. 창세기 1장 27절에서 " 하나님이 자기 형상 곧 하나님의 형상대로 사람을 창조하시되 남자와 여자를 창조하시고"라고 하였음에도 불구하고 창세기 2장을 근거로 남성이 여성보다 먼저 창조되었고 여성은 남성을 위한 보조자로 창조되었다고 하면서 남성 우월주의적 해석을 하였다. 이러한 해석은 남성은 하나님의 형상으로 간주하고 여성은 보조적이고 부차적인 존재로 이해되게 만들었다.

둘째, '하나님 아버지'라는 명칭은 인간의 이분법적 성별을 초월하여 존재하는 하나님의 본질을 왜곡하여 남성성으로 제한적으로 이해하게 한다. 이는 하나님의 본질을 인간의 성별 구조에 끼워 맞추는 결과를 초래하였다.

성경에서는 하나님을 돌봄, 양육, 자비와 같은 여성적인 이미지로도 묘사한다. "여인이 어찌 그 젖 먹는 자식을 잊겠으며 자기 태에서 난 아들을 긍휼히 여기지 않겠느냐? 그들은 혹시 잊을지라도 나는 너를 잊지 아니할 것이라."(이사야 49:15)라고 하면서 하나님은 인간을 태에서 태어난 자녀이자 젖 먹는 자식과 같이 돌본다는 것으로 어머니가 자녀를 영원하고 깊은 사랑하는 것과 같은 사랑을 강조하였다.

"어머니가 자식을 위로함 같이 내가 너희를 위로할 것이요, 너희가 예루살렘에서 위로를 받으리라."(이사야 66:13)는 구절도 하나님이 어머니의 사랑으로 인간을 돌보고 위로할 것이라고 설명한다. 어머니가 자녀에게 주는 위로는 깊고 무조건적인 사랑으로 하나님의 자비와 보호를 나타내고 있다.

"실로 내가 내 영혼으로 고요하고 평온하게 하기를 젖 뗀 아이가 그의 어머니 품에 있음 같게 하였나니, 내 영혼이 젖 뗀 아이와 같도다."(시편 131:2)에서도 하나님의 품이 마치 어머니 품처럼 평안과 위안을 제공하는 공간임을 묘사하고 있다. 하나님의 보호를 받을 때 어머니의 품에 안긴 아이와 같다는 비유는 하나님 아버지가 아닌 하나님 어머니의 모습을 담고 있다.

셋째, '하나님 아버지'의 명칭은 여성의 신학적 상징을 배제하며, 여성 신자들이 하나님과 친밀감을 느끼는 데 한계를 가질 수 있다. 여성은 하나님과의 관계에서 남성들이 경험하는 동성으로서의 친밀함을 느끼지 못하는 것이다. 하나님을 남성적 이미지로만 국한하여 이해할 때 여성은 스스로를 하나님을 닮은 존재로 온전히 느끼기 어려울 수 있다. 이로 인해 남성 만이 하나님의 형상으로 사제나 목회자로서 하나님을 대표할 수 있다는 신학적 논리가 형성되었고 여성의 리더십과 사역이 제한되었다.

'하나님 아버지'라는 명칭은 남성과 여성 간의 위계적 관계를 정당화하는 신학적 근거로 사용되어 왔다. 하나님의 형상을 닮은 남성은 하나님과 직접적으로 연결될 수 있으나 여성은 남성을 통해 하나님과 연결될 수 있다는 것이다. 하나님이 남성으로 묘사될 때, 남성은 자연스럽게 하나님의 대리자로 비유되며, 여성에 대해 지배적 위치를 가지는 것이 정당화된다.

이러한 위계적 질서의 이해는 하나님과 인간의 관계를 권위적이고 수직적인 관계로 이해하게 하였으며 인간과 자연, 남성과 여성 등을 친밀한 상호의존적인 관계가 아니라 지배와 종속의 단절된 관계로 이해하게 하는 왜곡이 일어났다.

3. 여성신학의 문제제기

기독교 여성신학은 전통적으로 하나님을 '남성', 더욱 구체적으로 '백인 남성'으로 여겨왔던 기독교 신학과 전통에 근본적인 물음을 제기하였다. 여성신학자들은 종교적 상징이 인간의 구체적인 삶과 깊이 연관되어 있다는 전제를 바탕으로, 기독교 신학의 하나님에 대한 상징과 이미지를 비판적으로 분석하고 재구성해왔다. 특히 유대-기독교와 이슬람 신학 역시 하나님을 성적인 용어로 표현하는 것을 금기시하면서도 '왕', '주', '주재자', '재판관', '아버지' 등 남성적 형용구를 자연스럽게 사용해 왔음을 지적하였다. 동시에 이러한 전통이 어떤 식으로든 신을 여성적인 상징으로 표현하는 것을 이단시 해 왔다는 점을 비판하며, 가려진 하나님의 여성적인 속성과 상징들을 복원하고자 노력하였다.

존슨(Elizabeth Johnson)은 하나님을 세계 안에 내재하시는 '영(靈)'으로 이해하면서 시편을 중심으로 하나님을 어머니로 상징화하였다. 이는 하나님의 돌봄과 양육의 측면을 강조하면서 여성적 이미지를 통해 하나님의 속성을 올바르게 조명하려는 시도였다. 헤이워드(Carter Heyward)는 역시 어머니로서의 하나님의 이미지를 사용하여 새로운 종교적 언어를 제안하였다. 그는 성례전적 감각을 반영하여 1978년 봄 워싱턴에서 열린 '국제 여성의 해' 예배를 위해 새로운 교독문을 작성하여, 전통적인 언어의 한계를 넘어서고자 하였다.

이렇게 기독교 여성신학자들은 감추어진 하나님의 여성성을 이야기하면서, 이를 '어머니 하나님'으로 형상화하는데 주력했다. 이 과정에서 일부 여성신학자들은 모신(母神) 숭배와 같은 고대 종교적 상징을 발견하고, 이를 재구성하여 '가이아(Gaia)' 이론을 제시하기도 했다.

그러나 류터(Rosemary Radford Ruether)는 이렇게 아버지나 어머니와 같은 부모로 표현되는 하나님 모델((Mother-Father God)이 인간의 자율성과 성장을 방해할 위험이 있음을 지적하면서 비판적 입장을 취하였다. 그녀는 부모의 이미지를 사용하는 신학이 인간의 자유의지를 억압하고 자율적으로 자신의 삶을 책임지지 못하도록 하며 인간의 성장을 방해하는 경향이 있다고 하였다. 또한 이러한 신학은 부모의 이미지를 사용하여 영적인 부족함을 긍정적으로 인식시켜 고착시키며, 자유의지를 주장하는 것과 자율성을 죄악시하게 된다는 것이다.

류터는 하나님이 남성다움과 여성다움을 모두 가지고 있다거나 삼위일체 속에 여성적 측면이 들어있다는 양성동체적 개념을 경계해야 한다고 지적한다. 가부장적 성별(性別)개념을 그대로 지속하고 있는 한 그 속에서 하나님의 여성적 측면은 여전히 이차적이고 제한적인 기능에 머물 가능성이 크다는 것이다. 그녀는 어떠한 이원론에도 기초하지 않은 '양성신'(God/ess)의 개념을 통해 해방적이고 포괄적인 신학을 제안한다. 또한 인간이 피안의 세계로 도피하는 영적 순례에 머물지 않고, 자신과 육체, 자신과 타자, 자신과 세계 사이의 조화를 이루는 길을 모색해야 한다고 주장하였다.

생태여성신학에서 하나님은 '친구'의 이미지로 묘사된다. '친구로서의 하나님' 이미지는 전통적인 가부장적 하나님 상징에 가려져 있었지만, 하나님이 인간 곁에서 함께 하시며, 소외된 자들과 연대하는 모습을 가지고 있음을 보여준다. 친구로서의 하나님은 '위에 계신'(above) 하나님이 아니라 '곁에 계신'(alongside) 하나님을 의미한다. 성경은 죄인과 세리와 창녀들과 함께 식사하고 마시며 친구가 된 예수님을 증거한다.(마태복음 9:10-13) 예수님의 사랑은 시대적으로 소외되고 버림받은 사람들과 함께 식사를 하는 것으로 나타난다. 가장 약한 사람들의 곁에 있는 친구로서의 연대(solidarity)를 한 것이다.

친구로서의 하나님은 세계의 고난과 기쁨을 함께 나누며, 구원의 종말론적 완성을 위해 인간과 동반자로 함께 하시는 분으로 이해된다. 이러한 하나님은 오순절 사건을 통해 세계와 영원히 결속되며, 교회는 이러한 하나님과 연대하여 세계의 보존과 안녕에 동참하는 하나님의 공동체로 정의된다.

생태여성신학자들은 하나님을 '애인'의 이미지로도 이해한다. 맥훼이그(Sallie Mcfague)는 중세 신비주의자 버나드(Bernard of Clairvaux)의 관점을 따라, 예수님을 세상을 향한 하나님의 입맞춤으로 비유하였다. 이 이미지는 하나님이 육화를 통해 인간과 깊이 연합하는 것으로, 세상을 향한 하나님의 뜨거운 사랑을 표현하여 하나님과 세계를 가장 친밀하게 상징화하였다.

위에서 살펴본 바와 같이 기독교 여성신학은 기존 신학적 전통에서 하나님을 백인, 남성, 아버지, 왕, 지배자 등의 이미지로 묘사해 온 것에 대해 문제를 제기하며, 하나님을 어머니, 친구, 애인 등의 친근하고 수평적인 이미지로 재구성하고자 노력하였다. 이는 단순히 상징적인 언어를 바꾸는 것이 아니라 하나님과 인간, 그리고 세계와의 관계를 새롭게 이해하는 중요한 신학적 전환점을 제시한 것이다.

4. 참부모신학의 하나님 이해

참부모신학은 로마서 1장 20절 "창세로부터 그의 보이지 아니하는 것들 곧 그의 영원하신 능력과 신성이 그가 만드신 만물에 분명히 보여 알려졌나니 그러므로 그들이 핑계하지 못할지니라"의 기록처럼 무형으로 존재하는 하나님을 알기 위해 피조세계를 관찰해야 한다고 전제한다. 피조세계의 공통사실을 살펴보면 존재하는 것은 무엇이든 외형과 내성을 갖추고 있으며 모든 다른 존재들과의 사이에서 양성과 음성의 이성성상의 상대적 관계를 맺으며 존재한다. 그러므로 피조만물의 제1원인되는 존재인 하나님도 역시 외형인 본형상(形狀)과 내성인 본성상(性相)의 중화적 주체이자 본양성과 본음성의 이성성상의 상대적 관계에 의해 존재한다고 밝히고 있다.

하나님은 본양성과 본음성의 중화적 주체로서 여성성과 남성성을 동시에 가진 존재이며 사랑하고 싶은 심정으로 사랑의 대상을 창조한 부모이다. 따라서 참부모신학은 명확하게 하나님을 '부모'로 호칭한다. '아버지'나 '어머니'가 아니라 아버지와 어머니가 중화적으로 일체된 '부모'인 것이다. 하나님을 부모로서 이해하는 것은 '양성과 음성의 중화적 주체로 존재하시는 하나님'을 구체적인 형상으로 이해하는 것이다. 부모는 겉으로 나타날 때 문화적 환경에 따라 격위적으로 '아버지' 혹은 '어머니'로서 대표될 수 있으나 본질 자체가 '아버지', '어머니' 어느 하나만 될 수는 없다.

이미 초기 기독교의 몇몇 영지주의자들은 하나님이 "우리의 형상을 따라, 우리의 모양대로 사람을 만들자"(창세기 1:26)고 하시고는 곧이어 "남자와 여자로 창조하셨다"(창세기 1:27)는 말씀으로 볼 때 인간이 하나님의 형상대로 지음을 받았다면, 하나님도 인간과 마찬가지로 남성이면서 동시에 여성, 아버지이자 어머니여야 한다고 주장하였다.

심정과 사랑의 주체인 무형의 하나님은, 주체자로서 자기의 실체대상으로 우주 천지, 자연 만물과 인간을 자기와 닮게 창조했다. 그중에서도 인간은 직접적·전면적으로 신을 닮았으며 하나님의 심정과 뜻에 응답할 수 있고 하나님께 기쁨을 돌려드릴 수 있는 직접적인 대상이다.

따라서 하나님은 인간을 자기와 가장 친근한 자녀로 태어나게 했으며 하나님의 심정과 속성을 가장 닮게 하였고 최고의 중심적 위치에서 전 우주와 천지 만물을 주관케 하였던 것이다. 즉, 하나님은 인간을 통해 창조목적을 구현하고 언제까지나 기쁨을 느끼시고자 했다. 육신을 쓰고 태어난 인간이 하나님의 자녀로서 하나님의 심정과 신성을 이어받고 선을 완성해서 '하나님을 부모로 모시고 전 인류가 형제자매로서 화목하게 사는 인류 대가족의 세계', 즉 지상천국을 먼저 이루고 그 다음 영인체가 육신을 벗고 천상천국에서 영생하는 것이 하나님의 창조목적이었던 것이다.

이에 참어머님은 2013년 기원절을 선포하신 뒤 '하나님'을 '하늘부모님'으로 부를 것을 천명하였다. 창조본연의 세계를 실현하는 천일국 시대에 인류의 부모로서 존재하고자 하였던 하나님의 창조본연의 이름을 찾아 봉헌하고 이를 부르도록 한 것이다.

류터를 비롯한 여성신학자들이 '부모 하나님'이 인간을 의존적, 수동적으로 만든다고 지적하고 하나님을 애인, 친구 이미지로 파악한 것은 부모와 자식의 관계를 고정적이며 단면적으로 이해한 한계라고 볼 수 있다. 부모와 자식의 관계는 입체적이며 유동적인 것이다. 즉 자녀가 성장하는 단계에 따라 부모는 강력하고 절대적인 존재에서 점점 더 수평적인 친구, 애인의 단계로 내려오고 마침내 돌봄이 필요한 나약한 존재로 변화된다. '부모 하나님'이해 자체가 인간을 의존적으로 만드는 것이 아니라 인간의 영적인 발달단계에 따라 '부모 하나님'에 대한 이해가 성장하지 못할 때 생기는 과정적 오류라고 보는 것이 적합하다.

부모를 심정으로 이해할 때 진정한 부모 이해가 가능하듯이 하나님을 심정으로 이해한다면 류터가 지적한 한계는 수정될 수 있을 것이다. 기독교 여성신학은 기존 신학에서 '백인, 남성, 왕, 지배자'의 이미지를 깨기 위해 가리워진 어머니 하나님의 이미지를 드러내고 수평적이고 친근한 하나님을 강조하기 위해 '친구', '애인' 등 다양한 이미지의 하나님을 제시하였다면 참부모신학은 이제 그 본연적인 모습인 아버지와 어머니 즉 참된 부모로서의 하늘부모님을 고백하고 있다. 하나님을 부모로 고백하는 것은 하나님과 인간의 관계를 부모와 자녀의 관계로 이해하는 것으로 자녀가 성장함에 따라 부모의 심정을 이해하게 되면 애인, 친구 등 다양한 이미지로 부모 하나님이 나타날 수 있음을 말하는 것이기도 하다. '참부모 하나님'은 인간을 지배하고 이끄는 절대적 타자로서의 하나님이 아니라 인간과 온 피조세계와 함께 하는 친밀한 하나님이며 부모와 자식의 관계처럼 매우 입체적이다.

5. 하늘부모님의 가치

『원리강론』에는 "피조세계가 창조되기 전에 있어서의 하나님은 성상적인 남성격 주체로만 계셨기 때문에, 형상적인 여성격 대상으로 피조세계를 창조하셔야만 했던 것이다. 고린도전서 11장 7절에 남자는 하나님의 형상과 영광이니라고 기록되어 있는 성구는 바로 이러한 원리를 입증하고 있는 것이다. 이와 같이 하나님은 성상적인 남성격 주체이시기 때문에 우리는 그를 아버지라 불러 그 격위를 표시하는 것이다."라는 문장이 있다.

이 문장에서 하늘부모님은 성상적 남성격 주체이기에 아버지로 불러 그 격위를 표시한다고 되어 있으나 이를 오독하여 "남성격 주체만이 하나님이라고 되어 있는데 하나님 어머니나 어머니 하나님이라는 말을 절대 있어서는 안된다."고 주장하는 사람들이 있다. 이들은 "하나님은 남성으로만 계시고 여성격인 대상은 하나님의 부인이지 어머니 하나님이 아니다."라고 비판한다.

그러나 이러한 이해는 오독의 결과이다. 첫째, 남성과 남성격을 구분해야 한다. 하늘부모님을 성상적 남성격 주체라고 표현한 것은 하늘부모님이 성상 또는 남성으로만 존재한다는 것이 아니다. 하늘부모님은 본성상과 본형상의 이성성상, 본양성과 본음성의 이성성상의 중화적 주체로 존재하시기에 보이지 않는 신성은 물론 피조세계의 근원이 되는 에너지인 신상을 가지고 있으시며 하늘아버지와 하늘어머니가 하나된 실체로 존재하신다.

성상적 남성격이란 격위(格位)를 나타내기 위한 표현이다. 격위란 모든 개체에게 주어져 있는 위치로 한 개체가 다른 개체와 더불어 서로 주고 받는 수수의 관계를 맺고자 할 때 격위를 가지게 된다. 이러한 격위는 고정적인 것이 아니라 상대적이어서 한 개체는 주체의 격위와 대상의 격위를 동시에 가지게 된다. 이러한 격위는 계열(系列)을 가지는데 이 계열을 질서라고 한다.

하늘부모님을 성상적 남성격 주체라고 표현한 것은 모든 피조세계의 근원자라는 의미를 담고 있다. 본성상과 본형상, 본양성과 본음성의 중화적 주체로 존재하시는 하늘부모님은 피조세계와 사랑을 주고받을 때는 보다 근본적인 격위인 성상적 남성격 주체로서 먼저 사랑을 주신다는 것이다. 하늘부모님이 성상과 남성으로 존재하시는 것이 아니라 피조세계와 사랑을 주고받으실 때 성상적 남성격 주체의 자리에서 먼저 사랑을 주신다는 의미이다.

둘째, 하늘부모님이 피조세계에 대해 성상적 남성격 주체로 계신다는 문장은 "남성격 주체만이 하나님"이라는 뜻이 아니다. 우리는 명제의 진리를 논할 때 A는 B이다가 참이어도 B는 A가 참인 것은 아니다는 것을 알고 있다. 즉 '남성은 인간이다'라는 문장은 참일 수 있으나 '인간은 남성이다'라는 문장은 참이 될 수 없다. 마찬가지로 하늘부모님이 성상적 남성격 주체로 계시는 것은 참이지만 남성격 주체만이 하나님이라는 문장은 참이 될 수 없는 것이다. 따라서 남성격 주체는 하늘부모님의 격위를 나타내는 표현으로 '남성격 주체만이 하나님', '하나님 어머니나 어머니 하나님일 수 없다'는 논리적 근거가 될 수 없다.

그렇다면 『원리강론』에서 "우리는 그를 아버지라 불러 그 격위를 표시하는 것"은 무엇을 의미하는가? 이것 역시 하늘부모님이 피조세계에 대해 가지는 격위를 나타내기 위한 비유적 표현이다. 하늘부모님이 아버지인 것이 아니라 피조세계에 대해 근본적인 위치인 아버지에 있음을 나타낸 것이다. 하늘부모님을 아버지로 부르는 것과 하늘부모님이 아버지로 존재하는 것은 명백한 차이를 가진다.

『원리강론』의 여러 부분에서도 '부모되신 하나님'이라는 표현이 나오지만 아버지인 하나님이라는 표현은 나오지 않는다. 『원리강론』이 쓰여진 1960년대의 시대적 상황을 감안한다면 아버지가 한 가정을 대표하는 경우가 많았기 때문에 하늘부모님을 아버지라 불러 하늘부모님의 격위를 나타내고자 한 것임을 알 수 있다.

주재완은 이러한 표현이 참부모신학의 하늘부모님 이해를 왜곡할 수 있다고 지적한다. "하나님을 본양성과 본음성의 중화적 주체라고 하면서도 하나님을 아버지로 지칭하고 양성이 음성보다 질적 우위를 가진다고 한다면 남성 중심의 신관이 될 수 있다."고 하였다. 여성신학자들은 기독교에서 하나님을 남성으로 인식하게 된 것은 가부장적 사회체제 때문이라고 분석하면서 남성중심의 신관은 남성을 신성한 존재로 인식하게 하며 여성억압을 정당화하고 신-남성-여성이라는 위계질서를 형성하게 만든다고 비판하였다.

틸리히(Paul Tillich)는 이러한 상징의 문제를 통찰하였다. 즉 신의 존재는 인간의 언어나 문화를 초월하지만 이를 표현하는 상징에 의해 재현되면서 실제와 멀어진다는 것이다. 하늘부모님을 아버지로 인식하는 것은 보이지 않는 하늘부모님을 백인으로 형상화해온 것과 같다. 서구중심주의가 하늘부모님을 백인으로 형상화하면서 백인은 흑인이나 황인보다 더 신성하고 이성적인 존재로 인식하게 하여 백인의 흑인 지배를 정당화하고 위계질서의 명분을 부여한다.

이러한 맥락에서 볼 때 '하늘부모님'의 이름은 본양성과 본음성의 중화적 주체이신 하늘부모님을 온전히 표현한 것이라 할 수 있다. 하늘부모님은 인류를 자녀로 창조하시고 부모가 되시고자 하였지만 타락한 인류는 무지에 빠져 부모이신 하나님을 찾아오는 역사적 과정을 거쳐야 했다. 타락한 인류는 가부장적 관점에서 하늘부모님을 하나님 아버지로만 알고 있었으나 참부모님은 하늘부모님이심을 알려주었고 2013년 천일국 기원절 이후 잃어버렸던 본연의 이름인 '하늘부모님'을 선포하였다. '하늘부모님'의 신관은 그동안 가려졌던 하나님 어머니의 모습을 드러내어 하나님이 인류의 부모이심을 밝히는 것이며 온전한 부모와 자녀의 관계를 맺을 수 있음을 선포하는 것이다.

Ⅲ

인간론: 여성과 남성의 상호성

1. 기독교 신학의 여성인식

전통적인 기독교 신학은 남성 중심적 구조 속에서 형성되었으며, 이는 결과적으로 여성의 역할과 위치를 제한적으로 규정하게 되었다. 이러한 여성인식은 성경에 나타난 특정 본문에 대한 해석과 교부들의 신학적 견해, 그리고 가부장적인 사회의 영향을 받아 더욱 강화되었다.

먼저 성경은 여성에 대한 다양한 이미지를 제공하는데도 불구하고, 전통적인 성경 해석은 주로 여성을 남성보다 열등하거나 남성을 위한 보조적인 존재로 간주하였다. 창세기 1장은 하늘부모님이 남자와 여자를 하늘부모님의 형상대로 창조하였다고 기록하였다(창세기 1:27). 이는 남녀가 하늘부모님의 형상을 닮은 동등한 가치를 가진 존재로 창조되었음을 나타낸다.

그러나 창세기 2장은 1장과 다르게 기록되었다. "여호와 하나님이 땅의 흙으로 사람을 지으시고 생기를 그 코에 불어 넣으시니 사람이 생령이 되니라, 여호와 하나님이 동방의 에덴에 동산을 창설하시고 그 지으신 사람을 거기 두시니라"(창세기 2:7-8)라고 한 뒤 "여호와 하나님이 이르시되 사람이 혼자 사는 것이 좋지 아니하니 내가 그를 위하여 돕는 배필을 지으리라 하시니라"(창세기 2:18)이라고 하였다. 이러한 성경 구절은 몇 가지 사실을 알려 준다. 하늘부모님은 남성을 먼저 창조하셨으며 사람은 남성을 의미한다. 그리고 남성이 혼자 있는 것을 보시고 남성을 위한 배필로 여성을 창조하셨다.

이러한 성경구절은 여성을 남성의 보조자이자 종속적인 존재로 이해하게 만들었으며, 오랫동안 남성과 여성의 관계를 위계적으로 이해하는 근거로 사용되었다. 특히 여성이 남성의 보조자로 창조되었다는 해석은 가부장적 사회 구조를 정당화하는 신학적 기초가 되었으며, 이는 여성의 역할을 제한하고 남성 중심의 권위를 강화하는 데 기여하였다.

또한 해와가 뱀의 유혹에 넘어가 선악과를 먹음으로써 죄가 세상에 들어왔다는 창세기 3장의 기록은 여성에게 죄와 유혹의 원인이라는 낙인을 부여했다. 이러한 해석은 여성에게 죄와 유혹의 원인을 돌리는 결과를 초래하며, 여성에 대한 부정적 고정관념을 형성하는 데 기여했다. 중세와 근대 초기 기독교 전통에서 여성은 종종 감정적이고 이성적 판단이 부족한 존재로 간주되었으며, 이는 여성이 교회와 사회에서 낮은 지위를 차지하게 되는 신학적 근거로 사용되었다. 특히 해와 이야기는 여성의 도덕적 결함과 남성을 타락시키는 존재라는 이미지를 부각시켜 남성 중심적 권위를 정당화하는 도구로 작용했다.

신약성경은 마르다와 마리아, 막달라 마리아 등은 예수의 사역에서 여성들이 적극적으로 활동하며 중요한 역할을 한 것을 기록하고 있다. 그러나 동시에 바울 서신의 몇몇 구절은 여성의 역할을 제한하는 것으로 해석되어 교회 내에서 여성의 지위와 관련한 논쟁의 핵심이 되었다.

예수의 공생애와 부활 사건에서 여성들은 중요한 역할을 맡았다. 누가복음 10:38-42을 보면 마르다가 예수를 집으로 초대해 섬기고, 그녀의 자매인 마리아는 예수의 발치에 앉아 그의 가르침을 듣는 장면이 등장한다. 당시 여성들이 일반적으로 가정내 역할만 담당하였던 사회적 관습을 넘어 마리아는 제자로서의 자세를 취하였다. 이러한 마리아를 마르다가 비판하자, 예수님은 "마리아는 좋은 편을 택하였으니 빼앗기지 아니하리라"라고 하면서 마리아의 자세를 인정하고 지지하였다. 이 사건은 여성도 영적 교육을 받을 수 있고 제자의 자리에 참여할 수 있다는 예수님의 포용적 태도를 나타내는 것으로 당시의 문화로는 상상할 수 없는 파격적인 것이었다.

또한 요한복음 20:11-18에서는 막달라 마리아가 부활하신 예수님을 최초로 목격하고 그 소식을 제자들에게 전한 첫 증인으로 등장한다. 예수님은 그녀에게 "내 형제들에게 가서 이르라"고 명령하며, 부활의 메시지를 전파하는 주요한 임무를 맡겼다. 이는 당시 유대 사회에서 여성의 증언이 법적으로 인정받지 못하던 관습과 대조되는 것이었다. 예수님은 여성을 중요한 영적 증언자이자 책임자로 세우셨다.

반면 바울서신에는 여성의 역할을 제한적으로 규정한 것으로 보이는 구절이 등장한다. 고린도전서 14:34-35는 "여자는 교회에서 잠잠하라 그들에게는 말하는 것을 허락함이 없나니 율법에 이른 것 같이 오직 복종할 것이요, 만일 무엇을 배우려거든 집에서 자기 남편에게 물을지니 여자가 교회에서 말하는 것은 부끄러운 것이라"라고 언급하며, 여성이 교회 안에서 가르치거나 발언하지 말아야 한다는 규정을 제시하였다. 이는 당시 시대적 맥락에서 교회내 질서와 조화를 유지하기 위한 규범으로 이해되지만, 여성의 공적 역할을 제한하는 근거로도 활용되었다.

예배소서 5:22-24에서는 "아내들이여 자기 남편에게 복종하기를 주께 하듯 하라, 이는 남편이 아내의 머리됨이 그리스도께서 교회의 머리됨과 같음이니 그가 바로 몸의 구주시니라, 그러므로 교회가 그리스도에게 하듯 아내들도 범사에 자기 남편에게 복종할지니라"라고 기록되어 있어 전통적으로 이 구절은 가부장적 가정을 정당화하는데 사용되었다. 그러나 일부 신학자들은 바울이 바로 이어 "남편들아 아내 사랑하기를 그리스도께서 교회를 사랑하시고 그 교회를 위하여 자신을 주심 같이 하라"(에베소서 5:25)고 하고 28절에서 "이와 같이 남편들도 자기 아내 사랑하기를 자기 자신과 같이 할지니 자기 아내를 사랑하는 자는 자기를 사랑하는 것이라"라고 다시 강조한 것을 간과해서는 안된다고 지적한다. 33절에서 바울은 "그러나 너희도 각각 자기의 아내 사랑하기를 자신 같이 하고 아내도 자기 남편을 존경하라"라고 한 것은 남성의 권위를 강화하려는 것이 아니라 부부가 서로 사랑하고 존경하는 관계를 지향해야 한다는 메시지를 담고 있다는 것이다. 당시의 시대적 상황에서 이러한 메시지는 여성의 권위를 인정하고 보호하기 위한 것이라는 해석도 있었다.

2. 교부 신학과 여성

신약성경에는 여성들에 대한 다양한 기록이 있지만, 기독교 신학의 초기 형성 과정에서 교부들의 사상은 여성에 대한 인식에 큰 영향을 미쳤다. 교부들은 종종 헬레니즘 철학과 유대교 전통의 영향을 받아 여성을 열등한 존재로 간주하는 경향이 있었다.

터툴리안(Tertullian)은 해와가 원죄의 원인이라는 점을 강조하면서 여성을 남성을 유혹하는 존재로 규정하고 '사탄의 문'이라고 불렀다. 또한 아우구스티누스(Augustine)는 여성을 남성을 돕기 위해 창조된 보조적인 존재로 간주하여, 여성의 지위는 남성보다 낮아야 한다고 주장하였다. 아퀴나스(Thomas Aquinas) 역시 아리스토텔레스의 영향을 받아 여성은 '불완전한 남성'이자 '자연의 실수'라고 주장하면서, 남성 중심의 신학적 구조를 강화하였다.

또한 교부들은 성모 마리아를 순종과 헌신의 상징으로 이상화하면서, 마리아의 순결과 복종을 이상적인 여성상으로 제시하였다. 이러한 성모 마리아의 이미지는 여성의 역할을 가정과 교회 내에서 순종적 위치로 한정하는 데 기여하였다.

중세에도 여성의 역할은 주로 남성의 보조적 지위에 국한되었으며, 여성의 영적 권위와 리더십은 교회와 사회 전반에서 배제되었다. 중세 교회는 여성의 종교적 역할을 수도원의 경건 생활과 연결시켰으며, 이를 통해 여성의 신앙적 헌신을 장려하였다. 여성 수도자들은 신앙공동체에서 기도와 교육, 병자 돌봄 등의 활동에 헌신하며 중요한 역할을 했지만, 남성 중심의 수도원 체계 내에서 보조적 지위를 유지하며 남성 수도사에 종속된 체계 아래 있었다. 여성 수도원은 남성 수도원에 의해 감독되었으며, 여성 수도사들의 결정은 남성 수도사들이 최종적으로 승인을 받아야 했다.

특히 중세 교회는 여성 성직자를 금지하고 여성의 신학적 역할과 설교 활동을 철저히 제한하였다. 여성들은 성례전 집행과 같은 성직 활동에 참여할 수 없었으며, 신학적 논의에서 배제되었다. 중세의 신학적 전통은 여성을 유혹과 죄의 근원으로 간주하는 경향을 보여 여성의 영적 리더십을 인정하지 않았다. 이러한 맥락에서 여성은 교회 내에서 경건하고 순종적인 역할을 요구받았고, 여성의 영적 역량이나 리더십을 제한하는 문화가 형성되었다.

중세 말기에 이르러 여성 신비주의자들이 긍장하면서 여성의 영적 역할에 새로운 가능성이 열리기도 했다. 예를 들어, 힐더가르트(Hildegard of Bingen)은 비전과 신학적 글쓰기를 통해 중세 신학과 교회에 중요한 영향을 미쳤다. 베네딕도회 수녀원장이었던 그녀는 자신의 비전을 기록한『쉬비아스(Scivias)』를 통해 독창적인 신학적 해석을 제시했으며, 하나님의 계시와 창조의 신비를 상징적이고 시각적인 언어로 표현했다. 힐데가르트는 교황과 주교들에게 신학적 조언을 제공하고, 설교 여행을 통해 신앙의 개혁을 촉구하며 그 시대의 지적이고 영적인 리더로 자리 잡았다. 그녀의 활동은 여성의 제한된 역할이 지배적이던 중세 교회에서 여성의 영적 권위와 지적 역량을 인정받는 드문 사례로 평가받는다. 그러나 이러한 여성 신비주의자들의 활동조차도 남성 성직자의 승인과 보호 아해에서만 가능했으며, 교회의 전통적 권위를 넘어서지 못하였다.

종교개혁 시대에 들어와 마르틴 루터와 존 칼뱅 등의 종교개혁가들은 모든 신자가 하늘부모님의 은혜에 직접 접근할 수 있다는 '만인사제론'을 주장하며, 여성도 남성과 영적으로 평등하다고 강조하였다. 이들은 신앙과 고원에 있어 성별의 차이를 두지 않았으며, 모든 신자는 하늘부모님의 말씀을 듣고 이를 실천할 책임이 있다고 설파하였다.

그러나 실제로 종교개혁가들의 여성관은 여전히 가부장적 구조를 반영하고 있었다. 루터는 여성을 가정과 남성에게 순종해야 하는 존재로 규정하며, 여성의 주요 역할을 가정에서 자녀를 양육하고 남편을 보좌하는데 두었다. 그는 "여성의 신성한 소명은 어머니 역할에 있다"고 주장하며, 여성의 역할을 가정과 가사 노동에 제한하였다.

존 칼뱅 또한 여성의 영적 평등성을 인정하였으나, 여성의 공적 역할을 제한하며 교회와 가정에서 남성의 리더십을 강조하였다. 여성은 남성에게 순종해야 하며, 교회 내에서 설교나 리더십은 남성의 고유한 영역이라고 주장하였다. 그는 이러한 관점을 성경의 권위에 근거하여 정당화하였으며 여성이 교회에서 조용히 하고 순정해야 한다는 바울의 서신을 근거로 사용하였다.

이렇게 종교개혁은 여성의 영적 평등성을 강조하였지만, 실제로는 여성의 역할을 가정과 교회 내 순종적인 위치로 제한하는 새로운 규범을 강화하였다. 이는 여성의 사회적 지위와 역할이 종교개력 이전의 전통적 틀에서 크게 벗어나지 못한 것을 보여준다.

전통적인 기독교 신학은 여성을 남성보다 열등하게 간주하거나 보조적 존재로 규정하여 교회와 사회 내 가부장적 구조를 정당화하는 데 기여했다. 교회에서의 여성 리더십 배제는 여성 신학적 목소리를 억압하고, 남성 중심의 교회 문화를 강화하였으며 여성의 다양한 경험과 관점을 충분히 반영하지 못하게 하였다. 이는 여성의 신앙적 경험과 기여를 축소시키는 결과를 초래했다.

또한 하늘부모님을 주로 '아버지'로 부르며 남성적 이미지로 묘사함으로써, 돌봄, 양육, 자비와 같은 여성적 속성은 간과되었다. 이는 하늘부모님에 대한 이해를 제한적이고 불완전하게 만드는 결과를 가져왔다.

3. 여성신학의 인간이해

1) 여성신학의 문제제기

여성신학자들은 기독교가 전통적으로 위계적이고 가부장적인 남성중심의 문화를 가져온 것을 비판하며, 남성과 여성의 상호 평등과 상호 보완적인 관계를 제시하였다. 이들은 성경과 신학 전통에서 여성을 열등한 존재로 간주해 온 관습을 재검토하고, 남성과 여성이 하늘부모님의 형상을 동등하게 반영하는 존재임을 주장하였다.

첫째, 여성신학자들은 남성과 여성이 동등한 하늘부모님의 형상으로 창조되었다고 보았다. 여성신학자들은 창세기 1:27에서 "하나님이 자기 형상 곧 하나님의 형상대로 사람을 창조하시되 남자와 여자를 창조하시고"라는 구절을 통해 남성과 여성이 하늘부모님의 형상(Imado Dei)을 동등하게 반영하는 존재임을 나타낸다고 주장한다. 특히 류터(Rosemary Radford Ruether)는 "남성과 여성은 모두 하나님의 창조 안에서 동등한 존재로 설계되었다"며, 성별에 따른 위계적 질서는 인간의 왜곡된 문화적 산물이라고 지적하였다.

여성신학자들은 남성을 이성적이고 초월적인 존재로, 여성을 감정적이고 내재적인 존재로 구분하는 이원론적 사고를 비판한다. 데일리(Mary Daly)는 "남성과 여성을 고정된 역할에 가두는 이원론은 하나님의 창조질서를 왜곡하는 것"이라고 지적하면서, 이러한 구분이 남성과 여성 모두의 잠재력을 억압한다고 주장하였다. 그녀는 남성과 여성이 서로의 차이를 넘어 평등한 인격체로 존중받아야 한다고 제시한다.

둘째, 여성신학자들은 남성과 여성의 위계적 구조를 거부하였다. 전통적으로 기독교는 남성은 지배적이고 주체적인 존재로, 여성은 보조적이고 순종적인 존재로 간주해 왔다. 이에 대해 여성신학자들은 이러한 위계적 구조가 성경의 본래 의미를 왜곡한 것이라고 비판한다. 엘리자베스 존슨(Elizabeth A. Johnson)은 하늘부모님을 남성적 속성으로만 상징화하는 전통이 남성과 여성 간 불평등한 관계를 정당화했다고 주장하며, 남녀의 평등한 이해를 위해서 하늘부모님의 초월적 속성을 초월적이고 성별을 초월한 방식으로 이해해야 한다고 강조한다.

여성신학자들은 창세기 2장에서 여성이 남성의 갈빗대로 창조되었다는 기록은 상징적이고 비유적인 해석으로 접근하였다. 갈빗대는 히브리어로 "첼라"(tsela)라고 하는데, 이는 성경에서 건축물의 옆면이나 기둥을 의미하는 데도 사용된다. 이 단어는 단순히 신체적 부위를 가리키기보다는 관계적이고 상징적인 의미를 내포한다. 여성의 창조가 남성의 갈빗대에서 이루어졌다는 것은 남성과 여성이 서로 분리되지 않고 긴밀한 관계를 가지며 동등한 존재임을 나타낼 수 있다.

또한 히브리어 원문에서 사용된 '돕는 배필'이라는 표현(에제르 케네그도, עֵזֶר כְּנֶגְדּוֹ)도 그 의미를 바로 알아야 한다고 제시하였다. '에제르'(ezer)는 단순히 종속적이고 보조적인 역할을 의미하지 않는다. 성경에서 이 단어는 종종 하나님이 인간을 돕는 맥락에서 사용되며(시편 33:20, 신명기 33:26), 도움을 주는 존재가 우월하거나 종속적일 수 없음을 암시한다. 즉,

여성을 '돕는 배필'로 창조했다는 것은 여성이 남성을 보조하기 위한 종속적인 존재가 아니라 상호보완적이고 동등한 협력자로 창조되었다는 것이다.

셋째, 여성신학자들은 남성과 여성의 관계가 서로 보완적이고 상호 의존적인 관계임을 강조하였다. 이들은 남성과 여성 각각의 고유한 경험과 능력이 하늘부모님의 사역과 공동체 발전에 기여할 수 있다고 보았다. 맥훼이그(Sallie McFague)는 "하나님과 인간, 인간과 인간 간의 관계는 수평적이며 상호 의존적이어야 한다"며, 남성과 여성이 함께 창조 세계를 돌보고 책임지는 동반자로 존재해야 한다고 주장하였다.

여성신학자들은 에베소서 5:21의 "서로 복종하라"는 구절을 통해, 남성과 여성의 관계는 일방적인 복종이 아니라 상호적인 존중과 사랑에 기반을 두어야 한다고 해석하였다. 세이빙(Valerie Saiving)은 "여성의 죄는 자기 부정과 의존성에서 기인하며, 이를 극복하기 위해 남성과 여성이 서로의 필요를 인정하고 협력해야 한다"고 주장하였다. 그녀는 상호적 관계를 통해 인간의 성숙과 영적 성장을 도모해야 한다고 보았다.

나아가 남성과 여성의 관계를 지배와 종속의 관계로 보지 않고, 서로를 돌보고 협력하는 공동체적 관계로 제시하기도 하였다. 브록(Rita Nakashima Brock)은 예수님의 생애와 사역에서 드러난 평등한 공동체적 모델을 강조하면서, 남성과 여성이 하나님 나라의 사역을 함께 감당하는 동역자가 되어야 한다고 주장한다. 그녀는 예수님이 여성과 이방인, 가난한 자들과의 관계를 통해 위계적 관계를 넘어서는 사랑과 평등의 모델을 제시했다고 하였다.

넷째, 여성신학자들은 교회와 사회 내에서 남성과 여성이 동등한 위치를 가져야 한다고 주장한다. 이는 성경 속 여성 지도자들의 역할과 기여를 재조명하는 작업과 연결된다. 피오렌자(Elisabeth Schüssler Fiorenza)는 초기 기독교 공동체에서 여성들이 리더십을 발휘한 사례를 찾아 "초기 기독교 공동체에서 여성은 사도적 역할을 포함한 다양한 지도력을 발휘했다"고 강조하며, 교회가 이러한 전통을 회복하여 여성을 동등한 지도자로 인정해야 한다고 주장한다. 그녀는 로마서 16장에서 바울이 언급한 뵈뵈(Phoebe), 프리스가(Priscilla), 유니아(Junia)와 같은 여성들을 예로 들며, 이들이 초기 교회의 설립과 확산에서 중요한 역할을 했다고 지적한다. 특히 바울은 유니아를 '사도들 중에 뛰어난 자'로 언급하여 여성이 초기 교회에서 사도로서 활동했음을 알 수 있다. 피오렌차는 이러한 역사적 사실이 후대의 가부장적 교회 구조 속에서 무시되거나 축소되었다고 비판하였다.

또한, 피오렌자는 교회가 남성과 여성을 동등한 지도자로 인정하는 것은 단순히 여성의 권리를 옹호하는 차원을 넘어, 복음의 본질인 평등과 사랑의 메시지를 실현하는 일이라고 강조한다. 그녀는 초기 기독교 공동체가 평등과 포용을 바탕으로 세워졌음을 상기시키며, 오늘날의 교회도 성별에 따른 차별을 제거하고, 남성과 여성 모두가 자유롭게 자신의 은사와 능력을 발휘할 수 있는 환경을 조성해야 한다고 주장한다. 이를 통해 교회는 하늘부모님 나라의 이상을 더 온전히 반영하는 공동체로 나아갈 수 있다는 것이다.

여성신학자들은 남성과 여성의 관계를 전통적인 위계적 구조에서 해방하여, 상호 평등과 존중, 협력에 기초한 관계로 재정의하고자 한다. 이들은 남성과 여성이 함께 하늘부모님의 형상을 반영하며, 교회와 사회에서 동등한 역할과 책임을 감당해야 한다고 주장한다. 이러한 논의는 단순히 여성의 권리를 옹호하는 것을 넘어, 하늘부모님의 창조 질서에 대한 포괄적이고 평등한 이해를 통해 신학적 변화를 모색하는 데 기여하였다.

2) 독립적 자아와 관계적 자아

기독교 여성신학자들은 성차별이데올로기의 근원으로 이원론적 세계관을 꼽는다. 류터나 콜린즈(Sheila D. Collins)와 같은 기독교 여성신학자들은 여성의 억압이 이원론적 사고 구조에서 유래한다고 보고 있는데, 이러한 견해는 기독교 여성신학자들이 일반적으로 수용하고 있는 관점이다.

『제2의 성』을 쓴 보부아르(Simone de Beauvoir)는 이원론적 세계관이 어떻게 성차별적 이데올로기를 만들어 내는가를 분석하였다. 그는 인간은 남자를 지칭하며 여자는 남자에 의해 규정된다고 지적하면서 여자는 비본질적인 존재로 주체자이며 절대자인 남자에 의해 규정되는 타자에 불과하다고 비판하였다.

보부아르의 '타자'(the Other) 개념은 기독교 여성신학자들에게 깊은 영향을 미쳤다. 그녀는 여성의 자기소외(self-alienation)가 단순히 사회적 조건에서만 발생하는 것이 아니라, 여성 자신의 육체적 조건에서도 경험된다고 보았다. 여성은 임신, 출산, 양육이라는 종족 보존의 과정에 얽매여 남성처럼 자기충족적인 경험을 하기 어렵다는 것이다. 이러한 제한된 현실 속에서 여성은 '자유'를 경험하지 못하고 '내재'(immanence) 의 영역에 갇히게 된다. 반면 남성은 이러한 한계를 넘어서 '초월'(transcendence)의 세계에 속하며, 자유를 경험할 수 있다. 이러한 관점에서 볼 때, 자유를 소유한 본래적 자아는 자율적이고 독립적인 인간을 의미하며, 여성해방은 여성을 타율적이고 의존적으로 만드는 전통적인 '여성성'(femininity)으로부터 해방을 지향한다. 보부아르의 이러한 견해는 여성의 사회적·문화적 종속 상태를 비판하며, 여성 스스로의 자유와 주체성을 추구해야 한다는 것을 강조한다. 그러나 한편으로 그녀의 관점은 초월성과 내재성, 자아와 타자 등의 개념을 지나치게 대립적으로 구분한 가부장적 인간 이해를 답습하고 있다는 비판을 받았다. 즉, 자유를 초월적 남성의 세계에만 한정하고, 여성의 내재적 경험을 제한적이고 부정적인 것으로 간주하는 접근은 성별간 상호의존적이고 포괄적인 관계를 충분히 반영하지 못한다는 것이다.

여성해방 의식이 형성되던 초기단계에서 여성들의 인간 이해는 전통적인 인간 이해에 대한 비판적 시각을 충분히 갖추지 못한 상태였다. 당시 여성해방이란 실질적으로 '남자처럼'되는 것을 의미했다. 역사적으로 오랫동안 남성에게 의존적인 삶을 살아왔던 여성들이 자율적이고 독립적인 자아를 요구하는 것은 여성의 자유와 해방을 위해 필연적인 과정으로 여겨졌다.

그러나 시간이 지나면서 여성해방 의식이 성숙해짐에 따라, 전통적인 인간 이해 자체에 의문이 제시되기 시작했다. 기독교 여성신학에서도 전통적인 인간 이해가 모든 것을 대립적인 구조로 보는 대립적 이원론(conflicting dualism)에 기반하고 있다는 점을 비판적으로 분석하게 되었다.

이후 기독교 여성신학은 여성들을 단순히 독립적이고 분리된 자아로 이해하는 것이 아니라, 관계적이면서 통합적인 자아로 이해하는 새로운 인간 이해를 제시하였다. 인간이란 분리된 존재가 아니라 '관계의 거미

줄'(web of relations) 속에서 살아가는 관계적 인간이다. 이러한 관점은 거의 모든 여성신학자들에게서 공통적으로 나타나는 인간 이해이기도 하다. '관계적 인간'이라는 개념은 인간을 정신이나 육체, 나와 타자, 인간과 자연처럼 이원론적으로 분리하여 이해하지 않는다. 이 모든 것이 상호 연결되고 영향을 주고받는 하나의 통합된 관계라는 인식을 가진다. 이러한 시각은 인간의 본질을 더욱 깊이 이해하고, 전통적인 대립적 사고를 넘어서기 위한 중요한 기반을 제공한다.

대립적 이원론은 언제나 선택을 강요하는 구조를 가지고 있다. 이 구조는 둘 중 하나를 선택해야 하며, 선택된 쪽은 더 높은 가치를 가지는 것으로 간주되고, 선택되지 않은 쪽은 열등한 것으로 여겨진다. 이렇게 한쪽이 우월하거나 다른 쪽이 종속된다는 계층적 사고방식은 결과적으로 지배와 종속의 구조를 만든다. 이런 대립적 사고는 다양성을 수용하지 못하게 하며, 갈등과 폭력의 관계를 유발한다. 심지어 언어폭력, 육체적 폭력을 넘어 집단적, 사회적, 국가적 차원에서 비인간적인 폭력을 초래한다. 예를 들어 유대인 학살, 여성 억압, 제3세계 착취, 흑인 노예제도와 같은 역사적 폭력 등도 이렇게 대립적 이원론에 기초한 지배와 종속의 계층적 구조로 정당화된 것이다.

여성신학자들은 이러한 사고의 문제를 지적하며, 대립과 분리 대신 연결과 관계를 강조하였다. 인간은 독립적이고 분리적인 존재가 아니라 상호 의존하며 살아가는 관계적 인식이 진정한 성숙을 이루는 길이라는 것이다. 류터(Rosemary Radford Ruether)는 전통적으로 '관계적'이라는 개념은 여성에게, '합리적'이라는 개념은 남성에게 연결되어 왔다고 비판하였다. 그녀는 이러한 이분법적 사고를 넘어 '통전적 자아'(whole self)의 중요성을 강조한다. 통전적 자아란 분리되어 있던 다양한 성향들이 한 인간 안에서 조화롭게 통합된 상태를 말한다. 이는 단순히 개인의 내적 갈등의 극복을 의미하는 것이 아니라 자아와 타자 간의 분리를 넘어 타자와의 깊은 상호 연결성을 깨닫고, 관계 속에서 살아가는 인간의 본질을 실현하는 길을 열어준다.

기독교 여성신학은 서구 신학과 철학이 제시하였던 이원론적 인간 이해를 비판하고, 이를 대체할 새로운 관점을 모색하고 있다. 이러한 변화는 신학적 논의의 전환이 아니라, 지구가 우주의 중심이 아님을 발견한 '코페르니쿠스적 발견'과 같은 깊은 세계관의 변화를 예고한다. 여성신학이 제안하는 인간 이해는 인간이 개별적으로 존재하는 독립된 존재가 아니라, 서로 분리될 수 없는 연결성을 지닌 존재라는 사실을 깨닫게 한다. 이는 인간이 개인으로서도, 관계 속에서도 온전히 살아갈 수 있는 새로운 가능성을 열어주었다는 평가를 받았다.

3) 여성성에 대한 입장

여성성을 어떻게 볼 것인가는 여성학자들 사이에서 상이한 견해를 보이는 주제이다. 본질주의 입장을 가진 여성신학자들은 역사상 가부장제의 억압 도구였던 남녀의 생물학적 차이를 적극적으로 수용하여 여성성에 절대적인 가치를 부여하였다. 그리핀(Susan Griffin)은 『대지의 회복』에서 주장하기를 여성은 남성보다 자연으로부터 훨씬 덜 소외되어 있기 때문에 반드시 그리고 기꺼이 자연을 해방시킬 수 있다는 것이다.

그런가 하면 데일리는 여성의 영적인 힘을 중시하여, 우주의 자연적 조화와 근본적으로 일치하는 여성만이 주체/객체의 분리되지 않은 이상적인 공동체를 수립할 수 있다고 본다. 여성은 더 이상 '남성을 매혹하는 존재'가 아니다. 그것은 여성의 진정한 자아가 아니라 내면화된 '타자'의 모습이다. 오히려 여성은 남성에 의해 주입된 비본래적인 자기 모습을 버리고 참된 자아를 찾아 영적 순례의 여정에 올라야 한다. 여성과 여성, 그리고 여성과 자연 간의 "결속을 방해하는 올가미들을 끊어내면서, 서로 친구가 되는 존재로 거듭나도록 함께 천을 짜자"는 것이 그녀의 호소이다.

하지만 이러한 본질주의적 전제는 한 인간으로서의 여성을 지나치게 미화시키는 왜곡의 위험이 있을 뿐만 아니라, 여성이 그렇게도 벗어나고 싶어하는 '올가미'로서의 육체 속에 다시 여성을 밀어넣는 환원론적 오류가 있다고 본다. 여성을 '어머니 자연'의 육화로 보고 오로지 재생산 능력과 모성 만을 찬양하는 것은 여성성의 다양한 측면들을 억압하는 또다른 요인이 된다는 것이다.

이런 본질주의 여성신학의 입장에 반대하여 문화구성주의 에코페미니즘은 모든 존재는 여성적인 원리와 남성적인 원리를 모두 갖추고 있다고 주장한다. 여성적 원리란 협력, 직관과 이에 근거한 통전적 사유, 감성, 관용 등이며 남성적 원리란 경쟁심, 이성과 이에 근거한 분석적 사고, 공격성 등을 의미하는데 이상적인 상태에서는 인간을 포함한 모든 존재는 여성적 원리와 남성적 원리가 그 안에 조화를 이루고 있다. 그러나 서구 문화에서 남성적 원리를 우선시하며 사회질서를 인간/자연, 남/여, 마음(이성)/몸, 생산/재생산 등 두 개의 융합 불가능한 범주로 나누고 자연, 여성, 몸, 재생산 등은 인간, 남성, 이성, 생산 등보다 열등하다고 간주해 왔던 것이 문제라고 문화구성주의 에코페미니즘은 지적한다.

남녀의 차이는 생물학적이어서 선천적이라는 전제에 반대하고 사회학적으로 조건지어진 후천적인 것으로 보는 관점은 현재 일반적으로 받아들여지고 있다. 류터는 특정한 심리적 요소들을 남성이나 여성에 결부시키는 것은 심리학적 근거가 없다고 말한다. 예를 들어 이성을 남성적인 것에, 직관을 여성적인 것에 결부시키는 것은 근거가 불분명하다는 것이다. 많은 연구들은 오히려 남녀간의 차이보다는 동성간의 차이가 더 많다는 결론을 제시하고 있음을 밝히면서 류터는 남성성이나 여성성은 선천적이 아닌 후천적인 사회적 소산이라고 주장한다.

앞에서 제시한 바와 같이 기독교 여성신학에서는 여성성을 긍정적으로 수용하여 지나치게 강조하거나 사회적 산물에 불과하다고 부정하는 두 입장이 있으나 여성의 기본적인 생물학적 차이를 제외하고는, 남성성/여성성으로 분류하는 자체가 이원론적 여성이해라고 규정하고 인간을 포괄적으로 보아야 한다는 주장이 일반적이다.

4. 참부모신학의 인간이해

1) 남성과 여성 이해

참부모신학은 기독교 신학의 남성중심주의를 거부한다. 먼저 남성과 여성은 하늘부모님의 양성적 실체와 음성적 실체로 각기 분립되어 창조된 존재로 하늘부모님의 일성을 대표한다. 『원리강론』은 하늘부모님의 창조목적을 설명하면서 "하나님의 이성성상이 각각 개성을 완성한 실체대상으로 분립된 아담과 해와가 부부가 되어 합성일체화함으로써 자녀를

번식하여 하나님을 중심한 가정적인 사위기대를 이루어야 한다."고 명기하고 있다.[1]

남성/여성은 양성/음성의 실체로 분립된 존재이지만 본양성과 본음성의 중화적 주체인 하늘부모님을 닮아 창조된 존재이기에 통합을 전제한 두 존재이며 동일한 가치를 가지는 평등한 존재이다. 참아버님은 "여성은 남성의 보조자나 보호의 대상이 아니라 하나님의 또 다른 일성을 대표하는 자리에서 오히려 남성을 완전하게 해주는 독립된 인격자입니다. 참사랑 이상을 중심하고 여성은 남성의 존귀한 사랑의 대상자입니다. 가치적으로 보아 남녀는 절대 평등한 존재입니다."라고 말씀하였다.[2]

그러나 일부 남성중심적 사고를 가진 사람들은 가정연합의 신학이 남성중심적이라고 주장한다. 이들은 참아버님이 1988년 5월 22일에 하신 "하나님은 이성성상의 중화적 주체인 동시에 격(格)으로는 남성격을 갖고 있습니다. 하나님 아버지격 사랑에 대해 상대적 입장에 있는 것이 남자이기 때문에 이것은 수직관계입니다. 여자는 수직관계기 아닙니다. 여자는 뭐냐? 수직의 상대되는 횡적 관계라는 것입니다. 하나님의 인격을 중심삼고 격에 따라 볼 때 남자는 종적 관계인 상하관계이고 여자는 좌우관계인 횡적 관계입니다. 그렇다면 종(縱)이 먼저예요, 횡(橫)이 먼저예요. 종이 먼저이기 때문에 먼저의 자리에 가까이 하려는 것은 모든 자연의 이치가 추구하고 찾아가는 길입니다. 그래서 하나님의 사랑을 중심삼고 딸보다 아들입니다. 이래야 다 정리가 되는 것입니다."[3]라는 말씀을 근거

---

1   『원리강론』, 47.
2   『평화경』, 1001.
3   『문선명선생말씀선집』 177권, 324 (1988.05.22.).

로 하나님과 남자는 종적 관계이고 여자는 남자의 상대로서 횡적 관계라고 구분하고 "고린도전서 11장 7절에 바울이 '남자는 하나님의 형상과 영광이니 그 머리를 마땅히 가리지 않거니와 여자는 남자의 영광이니라'라고 기록한 것도 이와 같은 맥락으로 이해할 수 있는 것이다."라고 제시하였다.

과연 이 말씀만을 놓고 보면 하늘부모님은 남성격으로 남성은 하늘부모님과 종적 관계, 남성과 여성은 횡적 관계에 있는 것으로 이해할 수 있다. 그러나 먼저 이 말씀을 주신 배경을 우리는 이해해야 한다. 참아버님은 이날 '입적(入籍)'에 대해 설명하시면서 이러한 말씀을 하셨다. 즉 하나의 가정으로 입적하기 위해서는 남성 또는 여성 한쪽을 중심해야 하는데 하늘부모님이 남성격을 가지고 있는 것처럼 남성을 중심한 가계로 정리되는 것이 질서라고 설명하신 것이다. 당시 대부분의 가정에서 남성이 가정을 대표하는 입장에 있기 때문에 이렇게 말씀하신 것으로 이해해야 하는 것이다.

이때 한 가지 구분해야 할 것은 '하나님 아버지격 사랑'에 대해 상대적 입장에 있는 것이 남성이기 때문에 종적 관계이고 여성은 횡적 관계라는 설명이다. 그렇다면 '하나님 어머니격 사랑'에 대해서는 누가 종적 관계를 가질 것인가? 하나님 어머니격 사랑에 대해 수직관계를 가지는 것은 여성이며 이때 남성은 여성과 횡적인 관계를 가지게 될 것이다. 이를 도표로 정리하여 제시하면 그 차이가 더욱 명확해진다.

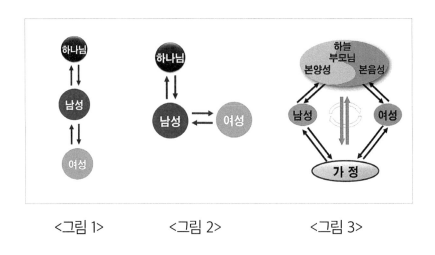

<그림 1>   <그림 2>   <그림 3>

　　<그림 1>은 전통적 기독교 신학의 인간 이해를 나타내는 그림으로 하나님 아버지는 남성이기에 남성과 종적인 관계를 가지며, 여성은 남성에 종속된 존재로서 남성을 통해서만이 하나님에게 갈 수 있는 것으로 이해하였다.

　　<그림 2>는 가정연합의 일부 남성중심주의자들이 제시하는 것으로 하나님은 남성이자 아버지로만 존재하므로 남성만이 하나님과 종적 관계를 가지고 여성은 남성과 횡적인 관계를 가진다는 것이다. 이 경우 여성은 남성에게 종속되지는 않으나 남성을 통해서만이 하나님의 사랑을 느끼고 구원받을 수 있다.

　　<그림 3>은 참부모신학의 이해이다. 하늘부모님은 본양성과 본음성의 중화적 주체로서 아버지이자 어머니로 존재하시기에 하나님 아버지격 사랑은 남성과 종적 관계를 가지며 여성은 남성과 횡적 관계를 가지게 된다. 즉 여성은 남성을 통해 하나님 아버지격 사랑을 느낄 수 있다. 반면 하나님 어머니격 사랑은 여성과 종적 관계를 가지며 남성은 여성과

횡적인 관계를 가지게 된다. 즉 남성은 여성을 통해 하나님 어머니격 사랑을 느낄 수 있다. 이것은 마치 자녀를 낳고 양육할 때 아들과 딸이 같은 자녀이지만 동성 자녀와 이성 자녀에게서 느끼는 사랑의 감정이 다른 것과 같다.

둘째, 하늘부모님은 창조의 구상단계에서부터 남성과 여성을 상하, 좌우처럼 쌍으로 전제한 선유조건으로 창조하셨다. 오택용은 본양성과 본음성의 중화적 주체이신 하늘부모님이 둘이 하나 되는 참사랑을 느끼기 위해 인간을 창조하실 때 양성적 실체와 음성적 실체인 남성과 여성을 분립하여 창조하셨다고 설명하였다.

참부모님은 "본래 천주(天宙)는 인간이 주인이 되어 살도록 지어진 거대한 집입니다. 그리고 그 천주의 중심인 인간은 상하·좌우·전후의 관계성, 즉 부자관계·부부관계·형제관계 속에서 구형으로 존재합니다. 하나님은 이 상하·좌우·전후로 하나 둘 셋 넷 다섯 여섯의 중앙인 제7의 위치에 거하십니다. 그래서 하나님은 우리 일상생활을 지도하면서도 보이지 않는 중심 자리에 계십니다."[4]라고 말씀하시면서 하늘부모님은 가정에서 수수작용이 일어나는 구형의 중심에 있다고 하였다. 하늘부모님은 일심(一心)과 일신(一身)을 이룬 부부의 자리에 존재한다. 남성만 또는 여성만으로는 하늘부모님과 완전한 종적인 관계를 맺을 수 없는 것이다.

이는 〈그림 3〉을 통해서도 확인할 수 있다. 『원리강론』이나 『통일사상요강』 등에서 〈그림 3〉과 같은 사위기대 그림은 많이 발견할 수 있는데 하늘부모님은 참사랑을 중심으로 수수작용하는 사위기대의 구형 중심 자리에 존재하는 것으로 이해된다. 하늘부모님의 본성상과 본형상, 본양

---

4 『평화경』, 235.

성과 본음성이 피조세계로 분립된 것이 남성과 여성으로 실체화되었다가 남녀가 사랑으로 일체를 이루는 자리는 하늘부모님이 거하는 천주의 중심자리이면서 하늘부모님의 종적인 참사랑과 부부의 횡적 참사랑이 90각도로 만나는 자리이다.

2) 여성성에 대한 이해

참부모신학은 남성과 여성의 차이 또한 적극적으로 인정한다. 그러나 이 차이는 차별이 아닌 구별을 위한 것이다. 남성과 여성은 하늘부모님의 아들과 딸로서 그 본성적 가치에 있어 차이가 없으며 남성은 양성적 존재계를 대표하고 여성은 음성적 존재계를 대표하게 된다. 따라서 남성과 여성은 각각 우주(나아가서 천주)의 반을 차지하는 가치를 지닌다. 여성이 없는 하늘부모님이나 천국은 생각조차 할 수 없다. 여성은 차별받지 아니하며 영원한 천국의 공동 주인공으로서 남성과 대등한 반열에 선다. 따라서 천국에서 사회적 성차별은 설 자리가 없다.

그렇다면 남녀의 성차를 어떻게 볼 것인가? 남성의 성상보다 여성의 성상에는 돌봄 등의 모성이 상대적으로 많다고 볼 수 있다. 또한 남성의 형상과 여성의 형상 사이에는 생명 재생산 능력(임신, 출산, 수유 등)의 상대적인 차이가 있다. 즉 모든 여성이 모든 남성보다 돌봄의 심성을 가지고 있는 것은 아니며 여성 중에서도 생명 재생산 능력이 부족한 사람도 있을 수 있다는 것이다. 남성 중에서도 돌봄의 심성을 많이 가진 사람이 있을 수 있기에 이러한 차이를 남성과 여성의 절대적 차이로 일반화할 수는 없다. 다만 남성과 여성이 평균적으로 상대적 차이가 있으며 남성과 여성은 부부로 존재할 때 서로 상대적으로 부족한 부분을 보완하며 조화를 이루게 된다.

또한 남성과 여성은 각각 그 존재 안에 양성과 음성, 그리고 개별상을 가지고 있다. 여성 한 존재를 놓고 볼 때 양성적인 면과 음성적인 면이 동시에 있으며 자신의 독특한 개성 또한 있다. 개성체란 하늘부모님의 신상의 개별상을 닮은 개성진리체라는 의미로 인간은 하늘부모님의 보편상과 개별상을 함께 닮은 개성진리체이다. 하늘부모님이 인간에게 개인마다 독특한 개별상을 준 것은, 인간 한사람 한사람을 대하면서 특유의 자극적인 기쁨을 얻기 위함이었다. 따라서 인간은 특유의 개성을 가지고 하늘부모님께 최고의 기쁨을 돌려드리는 최고의 가치를 지닌 존재로서 이러한 개별상도 인간의 본성의 하나이다.

모든 인간의 개성은 하늘부모님의 개별상이 나타난 것이므로 각기 존중되어야 한다. 예를 들어 여성으로 태어난 사람 중에 지적이면서 리더십이 있고 적극적인 개성을 가진 사람이 있을 수 있다. 그녀는 능력을 발휘하여 변호사가 되고, 국회의원이 될 수 있다. 이런 여성에게 여성다움이란 감성적이고 소극적인 성품을 가져야 하고 조용한 보조자의 역할을 해야 한다고 능력이나 개성을 제한한다면 이는 엄연한 차별이 된다. 다만 이러한 여성이 남성을 만나 사랑을 하게 되면 상대적으로 어떤 순간에는 남성보다 사랑의 표현이나 행동에서 소극적일 수도 있다. 때로는 사랑을 주고받을 때 적극적일 수도 있다. 두 사람이 동시에 적극적으로 주려고 하거나 동시에 소극적으로 받으려 하는 것보다 주고받는 관계가 입체적으로 이루어지는 것이다.

각기 다른 양성적인 면과 음성적인 면, 그리고 개별상을 가진 여성들의 여성성을 지나치게 일반화하여 고정하는 것은 여성차별 혹은 남성차별을 가져올 수 있다. 즉 지나친 여성성의 긍정이나 부정은 결국 여성의 해방을 저해하게 된다.

남성과 여성은 '하늘부모님의 이성성상'이 실체로 전개된 존재이다. 그러므로 남성과 여성은 각각 하늘부모님적인 가치를 갖는다. 이 두 존재 사이에는 우월과 열등의 관계가 있을 수 없다. 신성과 인성을 각각의 개성에 따라서 독특하게 갖는 이 두 존재가 부부가 되어서 함께 화동하며 가정을 이룸으로써 하늘부모님의 신성이 세상에 드러나게 되고, 이 부부를 통하여 보이지 않는 하늘부모님의 성육신 사건이 이루어지는 것이다.

모든 인간은 하나님에 의해 부여받은 기본권을 바탕으로 평등하며 이를 바탕으로 남녀도 평등하다. 이때 남녀가 평등하다는 것은 구체적인 직위상의 권리가 평등하다는 것이 아니라 남녀 간의 성차를 전제한 사랑의 평등, 인격의 평등, 기쁨의 평등이다. 참부모신학의 남녀평등관은 개인적인 윤리 측면에 국한된 논의로 사회적, 제도적 평등 실천에 대한 부분을 간과하였다는 비판이 있으나 남녀가 동등한 가치를 가지며 평등하다는 전제를 바탕으로 논의를 확대해야 할 것이다.

모든 인간은 하나님으로부터 부여받은 기본권이 있다는 것을 이미 참부모신학은 지적하였다. 따라서 여성의 천부인권은 당연히 인정되어야 하며 남녀평등을 위한 사회적인 노력은 필연적 역사의 귀결이다. 남녀평등이 단지 가정에서만, 남녀의 참사랑을 통해서만 이루어지는 것은 아니다. 남녀가 대립적으로 자신의 권리를 주장하는 것은 진정한 평등을 이루지 못하고 필연적인 파국으로 치닫게 될 것이다. 남녀평등을 이루기 위해서는 서로의 차이를 인정하고 하나님의 참사랑을 중심으로 서로를 상보적인 존재로 인정하며 사랑하여 인격의 평등을 이루고 기쁨의 평등을 이루어야 한다.

참부모신학에서 이를 개인과 가정 차원에서 예를 든 것은 보다 이해하기 쉽게 가정의 차원에서 논의한 것으로 보아야 할 것이다. 아버지가 딸을 진정으로 사랑한다면 딸이 하고자 하는 바를 단지 여성이라는 이유로 막을 수 없듯이 모든 남성들이 여성을 자신의 딸, 부인, 어머니로 사랑하고 인격을 존중하고 모든 여성들이 남성을 자신의 아들, 남편, 아버지로 사랑하고 인격을 존중한다면 평등이란 이루어지지 않을 수 없는 것이다.

3) 부부를 전제로 한 남녀 이해

『통일사상요강』은 본성론에서 인간의 본성으로서 양성과 음성의 조화체에 대한 논의를 부부 중심으로 전개하고 있다. 양성과 음성은 각각 양적 실체, 음적 실체로서의 부부를 말한다. 본연의 부부는 각각 하나님의 양성과 음성의 이성성상 중 각 성을 대표하는 존재이다.[5] 남성과 여성을 양적 실체와 음적 실체라고 하지 않고, 부부를 양적 실체와 음적 실체라고 한 것은 무엇 때문일까?

물론 통일사상은 존재론에서 인간의 경우 양성실체와 음성실체란 구체적으로 어떤 것인지 논의를 전개하면서 남성과 여성이 각각 양성과 음성을 모두 가지고 있으나 보다 질적인 면에서 남성이 보다 양성적이며 여성이 보다 음성적이라고 설명하였다.[6] 여기서 질적 차이란 무엇인가? 질적 차이의 핵심은 개인적인 차원에서 상대적으로 비교 파악하는 것으로

---

5   『통일사상요강』, 236-238 참조.
6   『통일사상요강』, 178-179.

논의가 전개되어 남성이 양성실체이며 여성이 음성실체라고 단정적으로 결론을 내리지 않고 있다. 존재론에서 보이지 않던 단정적 표현은 인간의 창조 본연의 본성을 논하는 본성론에서 단정적으로 '양성과 음성은 각각 양적 실체, 음적 실체로서의 부부'라고 표현되고 있다.

이 표현의 차이는 매우 중요하다. 즉 남성과 여성이 각각 양성, 음성의 실체라는 것은 그 존재 자체로서의 의미보다는 부부라는 상대적 관계 속에서 나타난다는 것이다. 존재는 질적 차이에 의해 양성실체 혹은 음성실체라고 상대적으로 규정될 수 있으나 남녀가 부부로서 관계를 맺을 때 두 존재는 명백하게 각각 양성실체이며 음성실체가 되는 것이다. 통일 사상에서는 한 인간 안에서 양성과 음성의 조화를 논하지 않고 부부를 각각 양성실체, 음성실체로서 조화를 이루는 최소단위로 파악하고 있는 것이다. 이후 통일사상은 부부의 결합을 몇 가지 의미로 상세히 논한다.

첫째, 본연의 부부의 결합은 하나님의 창조과정의 최후이기 때문에 이는 바로 우주창조의 완료를 의미한다. 둘째, 본연의 부부는 각각 인류의 절반을 대표하는 존재로 부부의 결합은 인류의 통일을 의미한다. 셋째, 본연의 부부는 각각 가정의 절반을 대표하는 존재로 부부의 결합은 가정의 완성을 의미한다. 넷째, 본성으로 본 인간관은 사랑의 인간이라 할 수 있다.[7] 양성과 음성의 조화체는 한 인간 안에서 이루어지는 것이 아니라 부부에서 이루어지므로 부부의 결합은 신성하고도 존귀한 결합이다.

통일사상에서 남성과 여성의 격위를 논한 부분은 없다. 다만 인간의 주체격위와 대상격위를 설명하면서 부모와 자녀, 직장상사와 직원의 예를 들고 있으며 최고의 정치적 지도자와 국민을 예로 들고 있다. 남성과

---

7   『통일사상요강』, 236-237.

여성이 부부가 될 때 남성(夫)은 양성실체이며 여성(婦)은 음성실체이기 때문에 주체격위와 대상격위의 관계가 일시적으로 성립될 수 있다. 이때 남편은 부인에 대해 올바른 주체의식으로 부인에 대해 관심을 가지고 사랑하고 이를 근거로 권위를 가져야 한다.

그러나 인간은 타락하면서 격위를 잘못 이해하게 된다. 가장 큰 잘못은 모든 격위를 연체적으로 파악하지 못하고 고정적이고 도식적인 것으로 파악했다. 가부장제의 철학적 기초가 되는 위계적 이원론(hierarchical dualism)은 바로 격위에 대한 잘못된 이해를 보여준다. 이런 인식은 대상격위와 주체격위가 연체적으로 이루어진다는 것을 알지 못하고 도식적으로 파악했기 때문에 생긴 한계이다. 모든 인간은 대상의식과 주체의식의 연체의식을 가지고 있기 때문에 주체이면서 객체이며 초월적이면서 내재적인 것이다.

남성이라고 해서 언제나 주체격위에 있는 것이 아니며 여성이라고 해서 언제나 대상격위에 있는 것이 아니다. 남녀를 떠나 먼저 인간이듯이 여성이 부모, 직장상사, 교사의 위치에 있을 때는 주체격위에 서는 것이며 남성이 자녀, 직원, 학생의 위치에 있을 때는 대상격위에 서는 것이다. 또한 주체격위에 선 한 존재는 다시 다른 존재에 대해 대상격위에 있기 때문에 언제나 연체의식을 가져야 한다. 최고의 정치지도자라 해도 하나님 앞에 대상격위에 서 있는 것이다.

또한 남성과 여성의 격위는 부부의 관계가 형성되는 시점에서 주체격위와 대상격위가 이루지는데 모든 남성이 모든 여성에 대해 언제나 주체격위에 서 있는 것으로 잘못 인식됨으로서 가부장적 지배가 공고해졌던 것이다.

부부관계에서도 언제나 남편이 부인에 대해 주체격위에 서게 되는 것은 아니다. 사랑의 관계가 형성되면 주체가 대상이 되고 대상이 주체가 되는 통합적인 사랑의 관계가 이루어지므로 남편과 부인이 주체의식과 대상의식을 함께 가져야 하는 것이다. 이를 인식하지 못하고 가정 안에서 남편이 부인에 대해 언제나 대상의식만을 강요하는 것은 타락으로 인해 관계의 유기적인 연체의식을 가지지 못했기 때문이다.

마지막으로 타락인간은 올바른 주체의식을 가지지 못하게 되었다. 주체격위는 대상격위을 지배하는 것이 아니라 언제나 관심을 가지고 사랑하고 이에 근거한 권위를 적절히 가져야 한다. 이런 순간에도 인간은 언제나 하나님에 대해 대상이기 때문에 대상의식 즉 온유, 겸손, 위하고자 하는 마음을 가지고 있어야 한다.

부부관계가 성립되는 시점에서 남편은 부인에게 관심을 가지고 사랑하며 이에 근거한 남편으로서의 권위를 지켜야 하며 부인은 온유, 겸손, 위하고자 하는 마음을 가지고 있어야 한다. 수수작용이 이루어지면 그 관계는 통합적으로 이루어지므로 부부는 남편과 부인의 차이 없이 서로 관심을 가지고 사랑하며 권위를 가져야 하며 온유, 겸손, 위하고자 하는 마음을 가져야 한다.

그러나 인간은 타락하여 하나님을 인식하지 못하고 격위를 지배와 종속의 관계로 파악하여 주체 격위에 서려고 투쟁과 반목을 일삼아왔다. 또한 모든 여성을 대상화시키고 지배해왔다. 통일신학은 지배와 종속으로 어긋난 남녀관계를 비판하면서 인간은 개별적 존재가 아니라 가정을 단위로 탄생, 성장하며 부부를 전제로 남성과 여성이 존재한다는 인식을 가진다. 즉 부부는 사랑을 전제로 한 관계임을 밝히면서 남성과 여성에 대한 이해 또한 구체적으로 그릴 수 있게 한 것이다.

그동안 여성신학이 주장해온 남성과 여성의 인식은 여성억압적 현실 속에서 여전히 대립, 투쟁하는 여성으로, 남성과 여성 자체를 부정하는 한계를 지니게 될 위험이 있다. 그러나 이러한 인식을 구체적인 삶의 공간인 가정, 부부로 확장하여 이해한다면 보다 실천적인 담론이 나올 수 있을 것이다. 즉 남성과 여성이 각각 부부를 전제한 연체이며 생식기의 소유가 상대방에게 있다는 인식은 관계적 자아에 대한 가장 구체화된 표현일 수 있다.

참부모신학은 사회의 최소 단위를 가정으로 설정한다. 남녀 또한 남자 혹은 여자가 아니라 부부라는 관계를 전제한 남자와 여자인 것이다. 참부모신학에서는 '선유조건'이란 개념을 이야기한다. '위(上)'라는 말이 생겨날 때는 '아래(下)'를 인정하고 하는 말이다. '위'라는 것만 가지고 개인주의가 생겨날 수 없다. '오른쪽(右)'이라고 하는 것은 '왼쪽(左)'이라는 것을 미리 전제하고 하는 말이다. 앞과 뒤를 보더라도 '앞(前)'하게 되면 '뒤(後)'를 먼저 인정하고 하는 말이다. 남자라는 말은 남자를 혼자 두고 하는 말이 아니다. 여자를 선유조건으로 인정하고 하는 말이다.

하늘부모님이 인간을 창조할 때 아담을 창조한 다음에 아담을 본떠 해와를 창조했다는 것은 하늘부모님에게 이미 아담과 해와에 대한 창조의 청사진이 있었다는 것을 알려 준다. 해와를 창조할 때 아담의 청사진에 맞추었듯이 아담을 창조할 때도 선유조건으로 해와의 청사진이 있었다는 것이다. 즉 아담은 해와라는 선유조건을 바탕으로 창조되었다는 것이다.

마찬가지로 남편이라는 말도 아내를 선유조건으로 하는 말이다. 남녀가 부부가 되어서 함께 화동하며 가정을 이룸으로써 하늘부모님의 신성이 세상에 드러나게 되고, 이 부부를 통하여 보이지 않는 하늘부모님의 성육신 사건이 이루어진다. 참사랑으로 하나 되는 부부는 하늘부모님이 체를 입으시는 순간이기도 하다. 남녀가 부부가 되어서 사랑으로 자연계를 다스리는 모습을 기대하면서 아담과 해와를 지은 후에 기뻐하신 하늘부모님이 표정이 되살아나는 것이다.

그리고 남성과 여성은 부부로서 성적 기쁨을 함께 누리게 된다. 둘은 상호간에 성적 파트너가 된다. 남성과 여성의 성 기관은 하늘부모님을 대신하여서 새 생명을 탄생시키는 기능을 하는 동시에 사랑의 쾌감을 섹스로서 체험하는 기능을 한다. 사랑의 달콤함을 온 몸으로 만끽하면서, 부부는 그들 사랑의 합성체인 제3의 존재로서 자녀를 출생시키게 된다.

자녀 출산만을 위하여 결혼을 하고 성관계를 하는 것은 아니다. 사랑의 기쁨을 확인하는 것과 더불어서 하늘부모님 앞에 새 기쁨의 대상으로서 자녀를 낳아서 하늘부모님께 선물로 바쳐드리는 것이 부부의 성이다. 따라서 남편의 주인은 아내가 되고, 아내의 주인은 남편이 된다. 부부의 몸은 상호 교차 주인이 된다. 특히 생식기는 자기의 것이 아니라 상대를 위하여 있게 된다. 이런 창조원리에 의하여, 남편과 아내는 서로를 하늘부모님을 섬기듯이 서로를 섬기면서 함께 천국의 문화인 '섬김의 문화'를 만들 수 있다.

4) 인간타락과 여성억압

하늘부모님의 창조이상은 남녀가 평등한 존재로서 수평적으로 참사랑을 나누며 가정을 이루는 것이었지만 최초의 인간은 이러한 하늘부모님의 뜻을 알지 못하고 타락하고 말았다. 성경의 기록에 의하면 뱀은 여성을 유혹하여 선악과를 따먹게 하였으며 타락한 여성은 남성을 유혹하여 선악과를 따먹게 하였다.

인류가 타락하게 된 원인인 선악과가 무엇인가에 대한 논의는 기독교 교파마다 차이를 보이고 있으나 여성이 남성을 유혹한 존재라는 것에는 이견이 없다. 가정연합 또한 타락의 과정을 분석하면서 최초의 여성인 해와가 하늘부모님을 중심한 참사랑으로 선의 자녀를 번식하는 인류의 어머니로 창조되었지만 사탄을 중심한 잘못된 사랑으로 악의 자녀를 번식하고 말았다고 설명한다.[8] 여성은 남성보다 먼저 사탄의 유혹을 받았으며 사탄과 타락한 이후 다시 남성을 유혹하여 타락시켰기에 남성보다 더 무거운 죄를 지은 존재가 되었다. 그 결과 평등한 존재로 창조된 남성과 여성은 사랑을 주고받는 관계가 아니라 힘에 의해 지배받고 종속되는 관계가 되고 말았다. 부정하고 이기적인 사랑의 관계는 이기심과 탐욕이 되어 인류역사를 전쟁과 폭력으로 이끌었다.[9]

남성은 여성을 위해, 여성은 남성을 위해 창조되었지만 타락으로 인해 이기적인 관계를 가지게 되었고 서로 위하여 살아야 하는 사랑의 질서가 유린되었다. 그 결과 여성은 남성에 의해 지배받고 사랑을 유린당하는, 가부장제 사회 속에서 비참한 역사를 겪어왔다고 보는 것이다.[10]

성경에는 하늘부모님께서 타락한 인간에게 주신 벌을 상세히 기록하고 있다. 하늘부모님께서는 최초의 여성에게 "내가 네게 임신하는 고통

---

8   『원리강론』, 81.
9   『평화경』, 952-956.
10   『축복과 이상가정』, 44-45.

을 크게 더하리니 네가 수고하고 자식을 낳을 것이며 너는 남편을 원하고 남편은 너를 다스릴 것이니라(창세기 3:16)"라고 하셨다. 이는 가부장제가 생물학적으로 남성이 여성보다 힘이 강한 존재였을 뿐 아니라 여성이 출산과 양육의 부담으로 가정을 벗어나기 어려웠던 반면 남성은 상대적으로 자유로웠기에 공적 영역을 구축하고 여성을 배제하였다는 학자들의 주장과 상통하는 면이 있다. 여성이 임신과 출산의 고통과 육아의 수고를 가지게 되면서 가정에 상주하고 남성은 공적 영역에서 여성을 배제하면서 여성을 다스리는 가부장제를 만들어 낸 것이다.

전통적인 기독교는 창세기의 이야기를 통해 여성은 남성을 돕는 배필로 창조되었기 때문에 남성보다 열등하고 남성의 갈빗대로 만들어졌기 때문에 남성에게 종속되어야 한다고 보았다. 또한 여성은 남성을 유혹해서 타락시켰기 때문에 죄인으로 규정하였다. 가정연합은 이 세 가지 주장 중에 여성이 남성보다 열등하고 종속된다는 주장은 하늘부모님의 창조 이상이 아니라고 부정하지만, 여성이 먼저 타락한 후 남성을 타락시켰다는 부분에 대해서는 동의한다. 그러나 타락의 결과로 발생한 가부장제를 당연한 것으로 긍정하는 것은 아니다. 오히려 여성신학에서 타락으로 남성과 여성의 평등한 관계와 조화는 깨어지고 지배와 억압의 타락 구조가 나타났다고 보는 것과 비슷한 관점을 가진다. 가부장제는 하늘부모님의 뜻이 아니며 타락의 결과이기에 구원의 때가 오면 남성과 여성이 평등하게 서로 사랑할 수 있는 관계로 회복되어야 한다고 보는 것이다.

5) 사랑의 평등

남성과 여성은 '하늘부모님의 이성성상'이 실체로 전개된 존재이다. 그러므로 남성과 여성은 각각 하늘부모님적인 가치를 갖는다. 이 두 존재 사이에는 우월과 열등의 관계가 있을 수 없다. 신성과 인성을 각각의 개성에 따라서 독특하게 갖는 이 두 존재가 부부가 되어서 함께 화동하며 가정을 이룸으로써 하늘부모님의 신성이 세상에 드러나게 되고, 이 부부를 통하여 보이지 않는 하늘부모님의 성육신 사건이 이루어지는 것이다.

모든 인간은 하나님에 의해 부여받은 기본권을 바탕으로 평등하며 이를 바탕으로 남녀도 평등하다. 이때 남녀가 평등하다는 것은 구체적인 직위 상의 권리가 평등하다는 것이 아니라 남녀간의 성차를 전제한 위에 사랑의 평등, 인격의 평등, 기쁨의 평등이다. 생리적으로 남녀는 사명이 다르기 때문에 사명을 수행하기 위한 조건인 권리 또한 같을 수 없다. 그런데 이러한 인식 없이 무조건적인 평등을 주장한다면 남녀의 평등이란 결코 이루어질 수 없는 것이다.

예를 들어 한국에서 '군복무 가산점'을 둘러싼 논쟁이 일어난 적이 있었다. 군복무 가산점제도란, 일정한 취업보호 실시기관이 채용시험을 실시할 경우 제대군인이 그 채용시험에 응시한 때에 필기시험의 각 과목별 득점에 각 과목별 만점의 5% 또는 3%를 가산하는 제도를 말한다. 1999년 헌법재판소는 공무원 시험에서 남자들에게 '군복무 가산점'을 주는 것은 남녀평등에 어긋난다고 위헌으로 결정 내려졌다. 이때 일부 남자들이 '군복무 가산점'이 위헌이라면 남자들만 군대에 가는 것 또한 위헌이라는 주장을 하였다. 여자도 똑같이 군복무를 하는 것이 평등하다는 것이다. 그러나 이는 분명 남녀의 생리적 차이를 간과한 채 권리와 의무의 평등만을 말하는 것으로 평등이 아니다.

이러한 참부모신학의 남녀평등관은 개인적인 윤리 측면에 국한된 논의로 사회적, 제도적 평등 실천에 대한 부분을 간과하였다는 비판이 있으나 이는 앞으로 참부모 여성신학에서 실천적 담론으로 논의해야 할 부분으로 보인다. 모든 인간은 하늘부모님으로부터 부여받은 기본권이 있다는 것을 이미 참부모신학은 지적하였다. 따라서 여성의 인간으로서의 기본권은 당연히 인정되어야 하며 사회 제도적인 개혁은 필연적 역사의 귀결이다.

그런데 인간 중 반을 차지하는 여성들이 지금까지 고난의 삶을 살아왔다. 여성을 중심하고 전개되어 있는 갖가지 애환의 사건들은 만물에 대한 인식 전환에 앞서서 바로 같은 인간인 여성에 대한 각성의 눈을 먼저 떠야 할 때임을 보여준다. 남성과 여성이 어떻게 조화를 이루느냐에 따라서 인간공동체를 비롯하여 세상이 아름다워지기도 하고 추해지기도 한다. 그러므로 인간이면서 인간이 아닌 존재로 지금까지 살아왔던 여성이 제 자리를 찾아야 온전한 세상이 된다. 남성과 여성이라는 두 실존이 평등과 존중의 관계를 회복할 때에 천국의 주인공이 될 수 있는 것이다.

남녀평등이 단지 가정에서만, 남녀의 참사랑을 통해서만 이루어진다는 것이 아니다. 남녀가 대립적으로 자신의 권리를 주장하는 것은 진정한 평등을 이루지 못하고 필연적인 파국으로 치닫게 될 것이다. 남녀평등을 이루기 위해서는 서로의 차이를 인정하고 하늘부모님의 참사랑을 중심으로 서로를 상보적인 존재로 인정하고 사랑하여 인격의 평등을 이루고 기쁨의 평등을 이루어야 한다. 이를 제도적으로 어떻게 구현할 것인가는 참부모 여성신학에서 논의해야 할 남은 과제라 할 수 있다.

Ⅳ

구원론과 여성해방

1. 기독교와 남성 메시아

기독교의 핵심 교리 중 하나는 인간이 원죄로 인해 하늘부모님과 단절되었다는 것이다. 창세기의 기록에 따르면, 아담과 해와의 불순종으로 인해 인간이 원죄를 가지게 되었고(창세기 3장), 그로 인해 인간은 하늘부모님과의 관계가 단절되게 되었다. 로마서 3:23은 "모든 사람이 죄를 범하였으매 하나님의 영광에 이르지 못하더니"라고 하여 모든 인간이 원죄의 상태에 있음을 명확히 한다. 이러한 원죄는 인간 스스로 해결할 수 없는 것으로 하늘부모님이 보내주시는 메시아를 통해 구원을 받아야 한다는 것이 기독교의 가르침이다.

구약 성경은 하늘부모님이 인간을 구원하기 위해 구세주이자 메시아를 보내실 것이라는 예언으로 가득하다. 이 구세주는 기름부음 받은 자, 즉 메시아로 묘사되며, 이스라엘 백성과 인류 전체를 죄와 고통에서 구원할 사명을 가지고 있다. 이사야 53장은 고난받는 종의 모습을 통해 메시아가 인간의 죄를 대신 짊어지고 고통받을 것임을 예언하였으나 미가서 5:2에서는 메시아가 베들레헴에서 태어날 것을, 다윗의 후손으로서 영원히 왕위에 앉을 것임을 예언하였다(사무엘하 7:12-13).

하늘부모님은 거룩하시며 죄를 용납하지 않으시는 분이기에, 죄로 인해 단절된 인간과 하늘부모님 사이를 연결시키기 위한 중보자가 필요하다. 하늘부모님의 거룩함은 그분과의 교제가 죄로 인해 훼손될 수 없음을 의미하며, 죄를 해결하지 않고는 인간이 하늘부모님께 나아갈 수 없다. 따라서 중보자는 인간의 죄를 속죄하게 해줌으로써, 단절된 관계를 회복시키는 다리 역할을 한다.

기독교는 하늘부모님이 인간을 너무나 사랑하셔서 그들을 구원하기 위해 메시아를 보내셨다고 가르친다. 요한복음 3:16은 이를 대표적으로 나타내며, "하나님이 세상을 이처럼 사랑하사 독생자를 주셨으니, 이는 그를 믿는 자마다 멸망하지 않고 영생을 얻게 하심이라"고 말한다. 메시아의 사명은 단순히 죄를 용서하는 데 그치지 않고, 인간에게 새로운 생명과 하늘부모님의 나라에 속한 존재로서의 정체성을 부여하는 것이다.

메시아의 역할은 단지 과거의 죄 문제를 해결하는 데만 국한되지 않는다. 메시아는 영원한 생명을 약속하며, 하늘부모님의 나라를 실현하는 중심적 역할을 한다. 기독교는 예수 그리스도를 통해 이미 하늘부모님 나라가 시작되었으며, 그의 재림을 통해 그 나라가 완전히 실현될 것이라고 믿는다. 요한계시록 21장은 메시아를 통해 새 하늘과 새 땅이 도래할 것을 예언하며, 고통과 눈물이 없는 완전한 하늘부모님의 통치가 이루어질 것을 약속한다.

이렇게 기독교에서 메시아는 인간의 죄와 단절된 하늘부모님과의 관계를 회복시키는 구원자이며, 동시에 하늘부모님의 사랑과 구원의 계획을 성취하는 중심적인 존재이다. 메시아 없이 인간의 죄와 죽음의 문제를 해결할 수 없으며, 영원한 생명과 하늘부모님 나라에 들어갈 수 없다는 것이 기독교의 핵심 신앙이다. 이러한 이유로 기독교는 메시아의 필요성을 강하게 주장하며, 예수 그리스도를 인류의 구세주로 고백한다.

따라서 기독교 신앙의 핵심은 예수이다. 예수는 하늘부모님의 아들로서, 인류의 죄를 대속하기 위해 이 땅에 오신 구세주로 믿어진다. 그의 탄생, 생애, 가르침, 십자가에서의 죽음, 그리고 부활은 기독교 신앙의 중심을 이루는 사건들이다. 예수는 인간의 죄를 대신 지고 죽음으로써 하늘부모님의 공의와 사랑을 동시에 실현하였으며, 그의 부활은 죽음에 대한 승리와 영생의 소망을 상징한다.

예수의 가르침은 사랑과 용서를 중심으로 한다. "네 이웃을 네 몸과 같이 사랑하라"(마태복음 22:39)는 가르침과 원수까지도 사랑하라는 그의 말씀은 인간의 삶과 관계를 근본적으로 변화시키는 도전이었다. 그는 병자와 가난한 자, 사회에서 소외된 자들을 찾아가며 하늘부모님의 사랑을 실천하셨고, 그를 통해 하늘부모님의 나라가 이 땅에 임하였음을 선포하셨다.

기독교 신앙은 예수를 단순히 역사적 인물로만 보지 않고, 인류를 구원하기 위해 성육신하신 하늘부모님으로 고백한다. 그의 십자가는 죄와 죽음에서의 해방을 상징하며, 그의 부활은 믿는 자들에게 새로운 생명과 영원한 희망을 약속한다. 성경은 예수님이 "길이요 진리요 생명"(요한복음 14:6)이라고 선포하며, 그를 통해 하늘부모님께 나아갈 수 있음을 강조한다.

이렇게 기독교는 예수와의 인격적 관계에 기초한 신앙을 강조한다. 단순히 교리를 따르는 종교적 행위가 아니라, 예수를 믿고 따르는 삶을 통해 하늘부모님의 사랑과 은혜를 경험하는 것이다. 예수는 믿는 자들에게 새로운 정체성과 삶의 목적을 주며, 하늘부모님의 자녀로서 살아가도록 초청한다.

기독교 신앙의 핵심인 역사적 예수가 남성의 모습으로 태어났다는 것은 중요한 일이다. 오랜 시간 동안 기독교에서 하늘부모님을 아버지로 인식한 또 다른 이유는 그 실체로 현현한 예수가 남성이었기 때문이다. 빌립이 예수에게 하늘부모님을 보여 달라고 요청하자 예수는 "내가 이렇게 오래 너희와 함께 있으되 네가 나를 알지 못하느냐 나를 본 자는 아버지를 보았거늘 어찌하여 아버지를 보이라 하느냐"(요한복음 14:9)라고 말한 것을 근거로 기독교는 예수는 하나님의 성육신이라고 이해했다. 성부(聖父)이신 하나님은 독생자이자 성자(聖子)인 예수를 보내어 성령(聖靈)으로 인류를 구원한다는 삼위일체(三位一體)를 교리의 핵심으로 믿으며 예수가 유일한 실체로 존재한다고 보기 때문에 하나님은 당연하게 남성이자 아버지로 인식되었던 것이다. 삼위일체 교리에서 성부, 성자, 성령은 하나의 본질로 이해되지만, 성부와 성자는 아버지와 아들로 표현되어 남성으로 정의된다. 이로 인해 하늘부모님을 이해하는 기독교 신학적 언어는 남성성을 중심으로 형성되었고, 이는 교회의 전통과 신학적 구조에 깊이 뿌리 내리게 되었다.

예수의 남성성은 그의 사역과 상징에서도 강조되었다. 예수는 당시 유대사회에서 랍비로 활동하면서 열 두 제자를 포함하여 주요 제자를 남성으로 선택하였다. 당시의 사회적, 문화적 상황에 따른 선택이었으나 결과적으로 예수의 남성적 정체성이 강조되었고, 하나님과 남성성을 연결짓는 근거로 작용하였다. 이러한 남성메시아로서의 예수가 구속의 실체로 나타난 이상, 하나님도 남성적인 속성을 가지고 있다고 보는 신학적 흐름이 강화되었다.

전통적인 교회의 신학은 예수의 남성성을 인간의 죄를 대신 짊어지는 대속적 역할과 연결하였다. 원죄 없는 독생자 예수는 모든 인류의 죄를 대신하여 십자가에 희생되었다고 이해된다. 이러한 대속사상이 강조되면서 예수의 남성적 속성이 인간의 대표성을 상징하는 것으로 받아들여졌다. 따라서 남성이 인간의 대표로 인식되고, 여성은 남성을 보조하는 역할로 간주도는 신학적 근거가 되었다.

이와 같은 신학적 전통은 교회의 구조와 여성에 대한 태도에도 영향을 미쳤다. 예수의 남성성을 하늘부모님의 본질로 이해함으로써 교회 내에서 남성 만이 성직자로서 하늘부모님의 대리자로 활동할 수 있다는 주장이 정당화된 것이다. 예수가 남성으로 나타났기 때문에 성직자 또한 생물학적 유사성을 가진 남성에게만 국한된다는 신학에 입각하여 아직도 많은 교회 전통에서 여성은 성직자로 안수받을 수 없는 상황이다.

2. 여성신학과 역사적 예수

역사적으로 실재하였던 예수가 남성이었다는 사실은 여성 억압의 중요한 근거가 되었다. 남성으로 성육신한 예수는 하늘부모님이 남성으로 존재하는 것은 물론 남성만이 초월적 실재와 연결될 수 있다는 차별적 인식을 뒷받침하였다. 예를 들어 현대 사회는 거의 모든 성차별이 금지되었음에도 불구하고 가톨릭은 여성의 사제안수를 금지하고 있다. 1976년 10월 가톨릭에서 발표한 문서에는 사제는 예수를 대신하여 일해야하기 때문에 자연적 유사성(natural resemblance)이 필연적으로 요청된다고 전제하고 여성은 예수와 자연적 유사성이 없어 사제안수를 받을 수 없다고 하였다.

기독교 여성신학에서 예수님의 성별, 즉 남성이라는 역사적 사실은 중요한 논의 주제 중 하나로 다뤄져 왔다. 여성신학자들은 전통적인 기독교 신학이 예수의 남성성을 강조하면서, 결과적으로 남성 중심적 구조와 사고방식을 강화하는 데 기여했다고 비판하였다. 그러나 이들은 예수가 단순히 남성이라는 이유로 여성의 경험과 해방을 배제하지 않으며, 오히려 그의 사역과 가르침에서 발견되는 포용성과 무조건적 사랑을 통해 여성의 시각에서 새로운 해석을 시도하였다.

많은 여성신학자들은 예수가 남성으로서만 이해되는 전통적 관점을 넘어, 그를 어머니와 같은 존재로 재해석하려는 노력을 기울였다. 예수님은 십자가에서 자신의 생명을 희생하며 인류를 구원하기 위해 모든 것을 내어준 존재로 묘사된다. 이 희생적 사랑은 여성신학자들에게 모성적 속성을 가진 사랑으로 이해된다. 브록(Rita Nakashima Brock)과 같은 신학자들은 예수님의 사랑과 희생이 단순히 남성적 권위나 지배가 아닌, 돌봄과 양육의 모성적 차원에서 이해될 수 있다고 주장한다. 예수가 자신의 몸을 내어주고 인류를 구원하는 행위는 어머니가 자녀를 낳고 양육하는 과정과 비슷한 맥락으로 볼 수 있다는 것이다. 이러한 해석은 예수님의 사랑이 성별에 국한되지 않고, 인간의 보편적 관계 속에서 이해될 수 있음을 보여준다.

일부 여성신학자들은 예수를 단순히 남성으로 한정 짓지 않고, 남성과 여성의 특성을 모두 지닌 양성적 존재로 이해한다. 예수의 사역에서 발견되는 감정적 공감, 돌봄, 약자와의 연대는 전통적으로 여성적 덕목으로 간주되었다. 이들은 예수가 이러한 특성을 보여줌으로써, 남성성에 제한된 구세주가 아니라 남성과 여성을 초월한 존재로 해석될 수 있음을 강조한다. 특히, 마태복음 23장 37절에서 예수가 자신을 암탉에 비유하며 새끼를 품으려는 모습은 그가 단순히 남성적 속성만을 가진 존재가 아님을 나타낸다고 본다.

류터(Rosemary Radford Ruether)는 예수의 남성성을 역사적 맥락에서 이해하면서도, 그가 여성과 사회적 약자를 위한 비폭력적이고 평등한 메시지를 전했다는 점에서 그의 삶과 가르침이 남성 중심적 권위를 해체하는 데 기여했다고 주장한다. 예수는 당시 사회의 위계적 구조와 종교적 권위를 비판하며, 여성을 포함한 사회적 소외계층과의 관계를 통해 평등한 공동체를 지향했다.

또 다른 여성신학자들은 예수님의 남성성을 비판하며, 이를 대체할 여성 메시아의 상징적 개념을 제안하기도 했다. 크리스타(Crista)는 여성 그리스도의 메타포로, 예수님의 구원 사역과 메시지를 여성적 관점에서 재해석하려는 시도에서 나온 개념이다. 크리스타는 단순히 예수를 여성으로 바꾸려는 시도가 아니라, 구원의 이야기가 남성적 서술로 제한되지 않고 여성의 경험과 이야기 속에서도 새롭게 표현될 수 있음을 상징한다. 이 개념은 특히 성차별적 구조와 폭력을 경험한 여성들에게 연대와 해방의 메시지를 전달하는 데 초점을 맞춘다.

맥훼이그(Sallie McFague)는 크리스타의 개념을 통해 하늘부모님의 구원 사역이 남성적 권위와 지배의 이미지를 넘어, 모든 인간을 포괄하는 친밀하고 평등한 관계 안에서 이해되어야 함을 주장한다. 그녀는 특히 예수의 육화(Incarnation)를 하늘부모님의 인간성에 대한 사랑과 열정의 표현으로 보며, 이를 여성적 은유를 통해 재해석하였다.

그러나 급진적 여성신학자들은 예수가 남성이라는 역사적 사실 자체가 여성의 진정한 해방을 방해한다고 비판한다. 이들은 기독교가 예수의 남성성을 중심으로 삼아 교리와 교회 구조를 형성해 왔다고 주장하며, 결과적으로 여성의 역할과 위치를 주변부로 한정시켰다고 본다. 급진적 관점에서 예수의 남성성은 가부장적 기독교 전통을 유지하고 강화하는 데 기여했으며, 이는 여성의 자율성과 주체성을 억압하는 원인이 되었다고 비판한다.

데일리(Mary Daly)는 이러한 관점에서 예수를 남성 메시아로 바라보는 전통을 거부해야 한다고 주장하며, 진정한 여성의 해방을 위해 기존의 기독교 교리를 재구성하거나 버려야 한다고까지 강조했다. 그녀는 "남성 구세주는 여성의 해방에 걸림돌이 된다"고 단언하며, 여성들이 스스로의 경험과 관점에서 새로운 영적 패러다임을 만들어가야 한다고 주장했다.

이러한 급진적 비판에도 불구하고 많은 여성신학자들은 예수를 완전히 거부하기보다는 그의 삶과 가르침에서 해방적 요소를 발견하고 이를 현대적 맥락에서 재해석하려는 노력을 기울이고 있다. 예수는 남성 중심의 구조 속에서 태어나고 살아갔지만, 그의 메시지는 모든 인간에게 열려 있으며, 그의 행동과 사역은 여성과 약자를 포함한 모든 사람을 위한 구원을 지향했다. 따라서 예수의 남성성을 넘어서, 그가 보여준 사랑과 정의, 평등의 메시지를 중심으로 기독교 신앙을 재구성하는 작업이 계속되고 있다.

기독교 여성신학은 예수의 남성성을 둘러싼 다양한 논쟁과 해석 속에서 전통적 신학의 한계를 지적하며, 보다 포괄적이고 평등한 신앙의 길을 모색해 왔다. 그러나 예수를 어머니, 양성적 존재, 또는 여성 메시아로 재해석하거나, 그의 메시지를 통해 남성성과 여성성을 초월한 구원자의 이미지를 제시하려는 노력에도 불구하고 역사적으로 실재했던 예수가 남성이었고 하늘부모님을 아버지로 불렀다는 사실은 변하지 않기에 여러 한계가 있는 상황이다.

3. 참부모신학과 어머니메시아

가정연합은 '남성인 예수가 어떻게 여성을 구원하는가?'의 질문에 대해 근원적인 해답을 제시하였다. 타락한 인간은 참부모메시아에 의해 구원받아야 하기에 메시아는 남성만 오는 것이 아니라 여성도 와야 한다는 것이다. 하늘부모님이 자신의 형상적 실체로 남성과 여성을 창조한 것과 같이 타락인간을 구원하는 메시아도 남성과 여성으로 와야 하며 참아버지와 참어머니, 즉 참부모가 되어 타락인간을 중생시켜 주게 된다.

가정연합은 남성 중심의 가부장제를 인간 타락의 결과로 보기 때문에 여성억압의 역사를 극복되어야 할 과제로 본다. 하나님의 섭리에 의해 재림주가 오면 여성 억압의 역사는 끝나고 진정한 사랑의 해방을 통해 남성과 여성이 평등하게 서로 사랑하는 참다운 가정을 이루게 된다고 설명한다.

그렇다면 인류를 해방할 재림주는 어떻게 오는가? 기독교에서는 하늘부모님은 남성이며 하늘부모님의 형상을 가진 재림주 또한 남성으로 온다고 믿었다. 그러나 가정연합은 하늘부모님을 남성과 여성의 중화적 주체로 존재하기에 재림주는 남성과 여성으로 오시며 인류를 하늘부모님의 참사랑으로 중생해주는 참부모로 온다고 강조한다. 하늘부모님께서는 자신의 형상을 닮은 남성과 여성을 창조하셨고 인류를 구원하시기 위한 재림주도 참된 아버지가 될 수 있는 독생자와 참된 어머니가 될 수 있는 독생녀로 보내신다. 독생자와 독생녀가 하늘부모님을 중심한 참된 부모가 되어 인류를 새롭게 거듭나게 하는 것이다.

가정연합의 이러한 주장은 전통적 기독교의 관점과는 차이가 많이 난다. 전통적 기독교는 여성을 열등하고 부수적이며 유혹에 약한 악한 존재로 규정하였기에 마땅히 여성은 남성에 의해 구원되어야 하는 대상이지 구원의 주체가 될 수 없었다. 여성은 남성에 의해 보호되고 구원되어야 하는 존재이기에 하늘부모님의 말씀을 가지고 오는 메시아는 남성이어야만 하는 것이었다. 이에 비해 가정연합은 남성 메시아뿐만 아니라 여성 메시아가 와야 하며 하늘부모님으로 존재하는 하늘부모님과 하나 된 참부모로서 남성과 여성을 함께 구원해주어야 한다고 본다. 참부모에 의해 중생한 인류는 참다운 남성과 여성의 모습을 회복하여 참사랑을 나누는 부부가 되고 참가정을 이루어 참부모가 되어야 한다.

그러나 초림 예수는 독생자, 즉 남성으로 왔으며 여성 메시아는 오지 않았다. 왜 하늘부모님은 남성 메시아만 보냈는가? 지금까지 이에 대한 논의는 진행되지 못했지만 몇 가지 사실로 유추해볼 수 있다.

먼저 하늘부모님이 인간을 창조하였을 때 남성과 여성이 양성적 실체와 음성적 실체로서 부부가 되는 청사진을 구상하고 남성을 먼저 창조한 후에 여성을 창조하였다는 것을 생각해볼 수 있다. 구원의 과정 역시 남성 메시아와 여성 메시아가 현현하여 부부가 되어 참부모로서 인류를 중생해주어야 하는 것이 하늘부모님의 구상이었지만 그 과정에서 먼저 남성 메시아가 현현하여 말씀을 선포한 후에 여성 메시아가 현현할 수 있었다는 것을 유추할 수 있다. 그러나 남성 메시아로 현현한 예수는 유대인들의 배신으로 자신의 뜻을 펼칠 수 없었으며 여성 메시아를 만나 성혼하지 못하였다. 당시 유대인들이 예수님을 모시고 여성 메시아를 찾아 성혼할 수 있도록 했어야 하는 책임이 있었으나 이러한 기반이 조성되지 못하였기에 여성 메시아가 현현할 수 없었다고 생각해볼 수 있다.

다음으로 남성과 여성이 걸어온 역사적 관계를 통해 여성 메시아가 현현할 수 없었던 이유를 유추해볼 수 있다. 남성과 여성은 동등하고 평등한 인격체로 창조되었으나 타락으로 인하여 참사랑으로 일체를 이루어야 하는 관계는 깨어지고 말았다. 남성은 여성을 지배하였으며 여성은 남성의 억압 속에서 고통스러운 삶을 살아야 했다. 특히 예수가 올 당시의 유대 사회는 철저한 남성중심의 가부장 사회였기 때문에 여성은 공공 장소에 출입할 수도 없었으며 토라를 읽을 권리를 가지지도 못했다. 이런 사회 구조 속에서 독생녀가 먼저 와서 독생녀 현현을 선포한다고 해도 이를 믿고 따를 수 있는 사회 구조가 아니었던 것이다. 남성중심의 가부장제에서는 독생자가 먼저 와서 진리를 선포하고 제자들을 모은 기반 위에 독생녀를 만나 성혼할 수밖에 없었다. 그러나 사가랴 가정과 마리아,

유대민족이 독생자로 온 예수님을 모시지 못했기 때문에 독생녀는 현현할 수 없었다.

4. 독생녀 탄생을 위한 조건

그렇다면 재림주님이 오실 때는 이떠할 것인가? 가정연합은 하늘부모님께서 재림주를 보내실 시기를 논할 때, 성경 마태복음 24장 32절의 "무화과의 비유를 배우라 그 가지가 연하여지고 잎사귀를 내면 여름이 가까운 줄을 아나니"라는 말씀처럼 구원섭리를 위한 시대적 변화를 보고 알 수 있다고 설명한다.[1] 즉 인간의 본성이 회복되어 진정한 자유와 사랑, 행복을 위한 노력을 하는 시대가 개막되면 바로 그때가 재림주님이 오실 때인 것을 알 수 있다는 것이다.

『원리강론』은 말라기 선지자가 메시아 강림을 위한 준비를 시작한 후 400년 뒤에 독생자인 예수가 강림한 것처럼 1517년 루터에 의한 종교개혁 이후 400년 뒤인 1917년 이후 재림메시아가 올 수 있는 시기라고 논증하고 있다. 이 시기에 하늘부모님은 인류가 창조본연의 이상세계를 스스로 찾을 수 있도록 정치적으로는 프랑스혁명을 기점으로 중세봉건사회에서 전제군주주의를 거쳐 민주주의체제로 전환되었으며, 종교적으로는 종교개혁 이후 종교의 자유가 정착되었고 경제적으로는 산업혁명 이후 인류의 생활이 풍요로워지고 과학기술이 발달하게 되었다.

특히 1914년부터 1918년까지 일어났던 제1차 세계대전은 민주주의 국

---

1   『원리강론』, 132.

가와 전체주의 국가의 전쟁으로 하늘부모님의 뜻에 가까운 민주주의 국가들이 승리하여 하늘편 세계의 왕으로 오실 재림주님이 탄생할 수 있는 기대가 조성되었다. 제1차 세계대전에 하늘편의 승리로 끝났기 때문에 메시아재강림의 기대가 조성되었고 이때부터 재림의 역사가 시작되었다. 즉 독생자가 재림할 수 있는 기반이 마련된 것이다.

『원리강론』은 원래 하늘부모님의 뜻은 교황과 국왕이 하나 되어 재림할 메시아를 맞을 수 있는 왕국을 이루고자 하였으나 사명을 다하지 못하여 누구나 성서를 중심으로 자유롭게 하늘부모님을 찾아갈 수 있는 기독교 민주주의시대를 열어 재림메시아를 자유롭게 찾아갈 수 있는 사회환경을 조성하고자 하였다고 설명하고 있다. 1차 세계대전 이후 제국주의에 대한 반성이 이루어지고 민주주의를 중심으로 세계적인 연대가 이루어지는 것 역시 독생자를 맞이하기 위한 기반을 만들기 위한 것이었다.

또한 일본이 지배 아래에 있던 한국에 재림메시아를 보내기 위해 1919년 3.1운동과 상해임시정부 수립을 통해 일시적으로나마 독립이 되었다는 조건을 세우고 하늘부모님이 독생자를 보낼 수 있는 터전을 마련하였다. 이러한 기반 위에 1920년 음력 1월 6일 독생자인 참아버님이 탄생하였던 것이다.

독생녀를 보내기 위해 하늘부모님이 준비한 기반은 무엇일까? 앞서 설명하였듯이 남성 중심의 가부장제 사회 속에서는 독생녀를 보내어도 독생녀를 맞아 모실 수 있는 기반이 없기 때문에 독생녀는 자신의 정체성을 드러낼 수 없다. 정체성을 드러내도 이를 믿고 모실 수 있는 기반이 조성되어야 하기 때문이다. 하늘부모님은 이를 위해 민주주의의 태동과 함께 여성들이 남성과 동등하게 창조된 여성의 정체성을 자각하고 여성의 인권을 신장하기 위해 움직일 수 있도록 하였다. 이러한 노력 위에 제1차 세계대전 이후 여성들의 참정권이 보장되기 시작하였으며 남성과 동등하게 일할 수 있는 권리 또한 상승되었다. 그리고 제2차 세계대전이 발발하면서 독생녀를 보낼 수 있는 기대 또한 구체적으로 형성되었다.

특히 1939년부터 1945년까지 일어난 제2차 세계대전은 독생녀 강림과 연결되어 있다. 제1차 세계대전의 소생적 기대 위에 제2차 세계대전은 민주주의가 전체주의와 싸워 승리하여 장성적 기대를 조성하는 섭리적 의미가 있다. 특히 1943년은 연합군이 추축국의 중심국 중 하나였던 이탈리아가 대패하면서 하늘편의 승리로 기울어지기 시작한 시기이다.

1943년 이탈리아에서 두 가지 여성운동이 크게 나타난 것은 흥미롭다. 먼저 이탈리아 북부 도시 트렌토에서 시작된 포콜라레 운동(Focolare Movement)은 초종교적인 여성평화운동이었다. 당시 이탈리아는 무솔리니의 지배 아래 전 국토가 연합군의 폭격에 노출되어 있었는데 1920년 태어난 끼아라 루빅(Chiara Rubich)은 방공호에 대피해 있을 때 성경 속에서 사랑을 실천해야 한다는 깨달음을 얻었다. 이후 루빅을 중심으로 젊은 여성들이 폐허가 된 도시에서 고통받는 사람들을 위해 봉사하고 나누는 운동이 시작되었으며 인종과 이념, 종교를 넘어 하늘부모님을 중심으로 하나 되는 평화를 이루고자 했다. 파시즘과 나치즘이 인종과 이념의 우수성을 앞세우며 세계대전을 일으켰다는 사실을 말하면서 서로를 존중하며 평화와 정의를 실천해야 한다는 평화운동을 전개했던 것이다.

또 하나의 여성운동은 1943년 만 명의 주부, 여성노동자 등이 모여 파시즘에 저항하는 평화시위를 전개하면서 시작되었다. 이들은 여성저항

단체(Gruppi di difesa della donna)를 조직하고 파시즘에 의해 희생된 사람들과 가족들을 지원하는 네트워크를 조직하였으며 무솔리니를 반대하는 시위를 전개하였다. 이들은 다양한 정치적 배경을 가진 여성들로 파시즘에 저항하면서 여성해방을 촉진하는 활동을 공통적으로 펼쳤다. 이들 중 정치적 선전과 평화시위 등을 이끄는 지도자들도 있었으며 무장한 채 직접 전쟁에 참여하는 사람들도 있었다. 이러한 활동은 세계적인 여성운동으로 기록되었다.

독생녀 참어머님이 활동할 수 있는 기대를 조성하기 위해 평화를 위한 여성운동이 일어난 것이다. 영성에 기반을 둔 포콜라레 운동이 하늘부모님이 준비한 기독교 여성을 중심한 아벨형 여성운동이었다면 파시즘에 저항하는 여성들이 이념을 초월하여 평화를 위해 연대한 여성저항운동은 가인형 여성운동이었다고 할 수 있다. 기독교의 상징적인 구심점 중 하나인 이탈리아에서 1943년 평화를 염원하는 여성영성운동과 여성저항운동이 일어난 것은 하늘부모님이 보낸 독생녀를 모실 수 있는 여성들의 연대를 강화하는 움직임이었다고 보여진다.

제2차 세계대전 중 민주주의 국가들에 의한 승리의 교두보가 되는 이탈리아에서 1943년 여성을 중심으로 초종교적 평화운동과 초이념적 평화운동이 일어난 것은 하늘편의 장성적 기대 위에 여성 메시아가 올 수 있는 기반이 조성된 것이었다. 물론 독생녀가 강림해야 하는 한국에서도 여성들의 움직임이 활발하였다.

독생자를 보내기 위해 1919년 삼일운동과 상해임시정부 조직이 이루어졌듯이 1943년 독생녀를 모시기 위한 기반을 준비하기 위해 상해임시정부의 대한애국부인회가 일제의 탄압으로 해체되었다가 1943년 다시 조직되었다. 여성독립운동가 50여 명이 모여 대한애국부인회를 재결성하였는데 대부분 기독교 여성들이었다.

또한 독생자가 재림한 이후 북한을 중심으로 이루어진 신령한 집단 중 1923년 하늘부모님의 계시를 받은 김성도가 성주교를 세워 신령하게 정성을 들이는 여성들을 모아 독생녀를 맞이하기 위한 기반을 준비하였다. 이후 김성도는 1943년 신사참배에 참여하지 않고 해방을 예언한 죄목으로 일본 경찰에 잡혀 감옥에 수감되었다가 1944년 죽게 된다.

1943년 상해임시정부에 대한애국부인회가 기독교 여성지도자들을 중심으로 재조직되고 김성도를 중심으로 신령한 여성지도자들이 해방의 예언을 받은 것은 엄혹한 일제 강점기 말기 한국의 준비된 기독교 여성들과 신령한 여성들이 독생녀를 맞이할 수 있는 기대를 준비한 것이라 할 수 있다.

5. 참부모님 현현과 성혼

이러한 시대적 조건 위에 1943년 천력 1월 6일 독생녀 참어머님이 탄생하였다. 그리고 마침내 참부모님은 1960년 성혼하여 인류를 구원할 수 있는 중생의 문을 열어 주었다. 참부모님의 성혼은 하늘부모님이 보내신 독생자와 독생녀가 어린양잔치를 통해 하늘부모님이 인류를 창조하며 가졌던 최초의 창조이상이 실현되는 가정이 이루어져 인류를 구원할 수 있는 참부모가 현현한 것이다.

하늘부모님이 인류를 창조할 때 아담과 해와, 남성과 여성을 창조하였듯이 구원 역시 독생자와 독생녀가 부부를 이루어 참된 부모로서 인류를 중생해주어야 하였다. 그러나 이에 대한 구체적인 이해는 가정연합 내에서 차이를 보였다. 1960년 당시 가정연합의 대다수 식구들은 기독교 신앙을 하던 중에 입교한 사람들이었다. 이들은 기독교 신앙의 시각으로 재림주를 남성으로 이해하였으며 재림한 독생자인 참아버님이 인류를 대표하여 준비된 기독교 신부로서 참어머님을 찾아 성혼한 것으로 이해하였다. 즉 참어머님은 독생녀가 강림한 것이 아니라 독생자에 의해 선택되고 구원받은 인류를 대표하는 재림주의 부인으로서 이해되었던 것이다.

이러한 이해는 가부장적 관점을 가진 일부 식구들의 오해라고만 말할 수는 없다. 참아버님의 말씀과 종교의례에서도 참아버님과 참어머님은 횡적으로 수평한 관계에서 동등한 메시아로서의 지위를 가지는 것이 아니라 종적인 관계에서 이해되었다. 부부는 동위권, 동참권, 상속권을 가진다는 말씀에도 불구하고 참어머님은 2003년까지 참아버님께 경배를 하였으며 위계적 관계를 가지는 것으로 받아들여졌다.[2]

하늘부모님의 창조이상에도 불구하고 왜 이러한 가부장적 이해가 이루어졌는가? 『원리강론』에서 분명하게 남성과 여성은 하늘부모님을 닮아 평등하게 창조된 부부라고 되어 있고 독생자와 독생녀가 부부가 되어 참부모로서 인류를 중생해주는 것을 밝혔음에도 불구하고 참아버님과 참어머님에 대한 이해가 위계적이었던 이유는 무엇인가?

이에 대해 당시의 시대적 조건이 형성되지 않았기 때문이라고 해석하는 학자들도 있다. 윌슨(Andrew Wilson)은 "가정연합은 아직 부부리더십

2 주재완, 「여성 구원자와 하나님 어머니: 세계평화통일가정연합의 독생녀론 고찰」, 『평화와 종교』 13(2022), 109.

이라는 본연의 원리적 양식을 도입하지 못했다.”고 지적하면서 그 원인을 “타락한 문화의 잔재를 청산하는데 시간이 소요되기 때문”이라고 하였다.[3] 가부장적 문화를 청산하고 새로운 성평등적 문화를 형성하기 위해서는 시대적 여건이 필요하다는 말이다.

보다 가정연합의 내부적인 관점에서 원인을 제시하는 시각도 있다. 성평등사상을 제도화할 수 있는 준비가 부족했기 때문이다. 헨드릭스(Tyler Hendricks)는 가정연합이 성평등사상을 실천하지 못한 것은 지도자들이 성평등사상을 충분히 이해하지 못하여 가부장제를 극복하기에 부족하였다고 주장하면서 성평등적인 리더십은 어느 날 갑자기 실행되는 것이 아니라 여러 시도를 거쳐 성숙된 관점으로 정착되어야 한다는 입장을 나타냈다.[4]

이러한 관점은 종교가 현실사회 안에서 제도화될 때 나타났던 문제이기도 하다. 기존의 사상과 제도를 초월하여 새로운 사상적 지평과 실천을 보였던 종교들이 사회 안에서 제도를 갖추며 정착되어 갈 때 기존의 제도와 상충되는 부분에서 타협하는 경우가 많았던 것이다. 특히 앞에서 제시한 것처럼 기독교의 성평등사상과 그 실천은 기존의 가부장적 사회구조 속에서 성차별적인 방향으로 바뀌어 왔다.

보다 구체적으로 남성지도자들의 인식을 지적하는 분석도 제기되었

3　Adrew Wilson, “True Mother's Work in the Years Immediately after True Father's Seonghwa and the Work of the Holy Spirit after Jesus' Death, and Our Responsibility”, 『천일국 학술원 창립총회 및 제1회 학술심포지엄 논문집』(미간행자료, 2016), 223.
4　Tyler Hendricks, “Comments on Dr. Wilson's paper-The Era After True Father's Seonghwa”, 『천일국 학술원 창립총회 및 제1회 학술심포지엄 논문집』(미간행자료, 2016), 250.

다. 문예진은 "한국 통일운동의 문화가 성차별적인 것은 남성중심의 기독교문화뿐만 아니라 남성과 여성이 본래 불평등하다는 유교의 가르침에 영향을 받은 한국의 남성우월적인 문화의 영향을 받았기 때문"이라고 보면서 "그들은 심각하게 성평등사상을 잘못 이해하고 있으며 하늘부모님과 인간의 성평등을 인정하지 않는 과거의 가부장적 문화를 포기하지 못하고 있다."고 비판하였다.[5]

이러한 해석을 종합하여 보면 독생자와 독생녀가 성혼하여 참부모님으로 현현하였지만 이를 바라보는 일반적인 시선은 물론 가정연합 내부의 관점 또한 가부장적인 관점에서 참아버님과 참어머님의 관계를 위계적으로 바라보았다는 것을 알 수 있다. 그러나 참아버님께 참어머님이 경배를 하던 시대가 있었다는 것은 단지 이러한 위계적 관계가 바라보는 관점의 차원이 아니라 명백하게 존재하였다는 것 역시 간과할 수 없다. 이에 대해 독생자로 재림한 참아버님이 준비된 기독교 신부를 대표하는 여성을 선택하여 신부로 맞아 구원하게 되며 이 여성은 책임분담을 통해 8단계의 완성의 과정을 거쳐 참아버님과 동일한 위치에 설 수 있게 된다는 것이 기존의 이해였다. 그러나 독생녀 강림의 관점에서 보면 이러한 해석은 성립되지 않는다는 것을 알 수 있다.

여성해방적 관점에서 해석하자면 가부장적 사회구조 속에 독생자는 먼저 재림하여 진리를 선포하고 독생녀와 성혼할 수 있는 기반을 조성하여야 한다. 독생녀는 독생자와 성혼한 뒤 독생자와 완전히 일체를 이루어 참부부가 되고 참부모로서 참가정을 이루어야 하는 사명을 가지고

---

5   문예진, "양성평등 회복의 필요성-하나님을 하늘아버지이자 하늘어머니로 이해하기", 『천일국 학술원 창립총회 및 제1회 학술심포지엄 논문집』 (미간행자료, 2016), 62-63.

있었다. 이러한 과정에서 참어머님은 참아버님과 일체가 되는 삶을 살아왔고 모든 여성을 대표한 입장에서 자녀를 출산하고 양육하면서 참부모로서 인류구원의 길을 걸어 나왔다. 즉 참어머님은 원죄 없는 독생녀로 강림하였지만 해와가 타락하면서 잃어버린 여성의 자리를 찾기 위해 타락한 여성들을 대표한 자리에서 탕감의 승리적 기대를 마련하는 섭리적 노정을 걸어오신 것이다.

이러한 기반 위에 참어머님은 여성해방의 문을 열 수 있었다. 1992년 4월 10일 참부모님은 "본인은 오늘의 이 대회가 금후 한국의 여성사는 물론 전세계의 여성사에 있어서 중차대한 의미를 남길 위대한 모임이 될 것을 믿어 의심치 않는 바입니다. 왜냐하면 지금까지는 역사를 발전시키고 이끌어가는 주체 역량이 남성들에 의해서 발휘되어 왔지만, 오늘 이 대회가 '세계여성시대의 도래'를 선포하는 세계적 전환의 계기가 될 것이기 때문입니다."라고 선포하면서 "이제 메시아로 오시는 참부모 앞에 지금까지 남성들이 주도했던 전쟁과 폭력, 억압과 착취, 그리고 범죄의 세계를 종결짓고 평화와 사랑, 그리고 자유가 넘치는 이상세계를 실현할 참된 일꾼들이 바로 이 시대의 여성들인 것입니다. 지금까지 정의와 선을 치고 반대하며 핍박하던 남성 중심의 악한 세력들이 더 이상 날뛰지 못하도록 해야 할 일도 여성들의 과업입니다."[6]라고 밝혔다.

이후 참어머님은 세계평화여성연합의 총재로서 전세계 여성들을 모아 하늘부모님의 창조이상세계를 실현하기 위한 글로벌 평화운동을 주도하였다. 세계평화를 위해 정치, 경제, 문화, 사회 등 각 분야에서 위하여 사는 참사랑의 모범적인 실천운동을 전세계적으로 전개하면서 인권과 평

---

6   『평화경』, 904.

화를 실현하는 운동을 전개해왔다.

2012년 세계평화여성연합 창립 20주년을 맞아 참부모님은 "여성연합이 중심이 되어 펼쳐 온 세계평화운동은 이 단계에 머무를 수만은 없습니다. 한 단계 더욱 발전시켜 전 세계 여성지도자, NGO들과 연대하고 힘을 합쳐 궁극적 평화세계 창건의 길로 매진해야 됩니다. 그러기 위해서는 여성연합이 여성 NGO의 차원을 넘어 전 세계 정부와 단체, 개인들을 하나로 묶어 함께 전진하고, '아벨 여성유엔'이라는 큰 기구의 창설이 절대적으로 필요하며, 이는 하나님의 섭리적 절대 명령입니다."[7]라고 강조하면서 아벨여성유엔을 창설하였다.

이날 참부모님은 "여성은 남성의 보조자나 보호의 대상이 아니라 하나님의 또 다른 일성을 대표한 자리에서 오히려 남성을 완전하게 해주는 독립된 인격자"임을 분명히 밝히고 "참사랑 이상을 중심하고 여성은 남성의 존귀한 사랑의 대상자"이자 "가치적으로 보아 남녀는 절대 평등한 존재"라고 강조하였다.[8]

2012년 7월 16일 '아벨여성유엔' 창설을 끝으로 참아버님은 성화하였다. 이후 참어머님은 독생녀인 정체성을 선포하고 하늘부모님의 창조이상실현을 위한 중단없는 전진을 이끌어 나왔다. 하나님의 감추어진 본연의 이름인 하늘부모님을 부르게 되었으며 참부모님에 대한 이해도 바로하게 되었다.

참어머님이 걸어온 이러한 과정은 1960년 이후 여성들이 적극적으로 사회에 참여하면서 여성인권의 신장을 위해 노력해온 궤적과 통하는 부

---

7   『평화경』, 1000.
8   『평화경』, 1004.

분이 있다. 이러한 노력을 유엔을 중심으로 살펴보면 다음과 같다. 유엔은 1946년 결성과 함께 남녀평등권 실현을 위한 기구로서 경제사회이사회 산하의 기능위원회로 여성지위위원회(The Commission on the status of Women: CSW)를 설치하였다. 이후 여성관련 국제협약을 제정하고 이행여부를 감시, 감독하였다. 가장 대표적인 것은 '여성차별철폐협약'이다. 국제여성인권선언으로 알려진 '여성차별철폐선언'이 1967년 유엔총회를 통해 만장일치로 채택된 후 1979년 법적 구속력을 가진 '여성차별철폐협약(Convention on the Elimination of All Forms of Discrimination against Women; CEDAW)'이 채택되었으며 1981년 9월 발효되었다. 유엔은 이 협약을 통해 유엔에 가입된 모든 국가는 여성에 대한 모든 차별을 철폐하고 모든 영역에서 남녀평등을 위한 조치를 강화할 것을 명시하였다. 이 협약에 가입한 국가는 협약 이행사항을 4년마다 보고해야 하며 국제심의를 받도록 규정하고 있다.

또한 1975년 세계여성회의를 개최한 후 1976년 유엔여성개발기금(United Nations Development Fund for Women: UNIFEM)을 창설하여 개발도상국 여성들에게 기술 및 재정적 지원을 제공하고 여성의 경제적, 사회적 개발을 지원하여 평등권을 확보하였다.

2010년에는 유엔총회 결의에 따라 유엔여성발전기금과 여성지위향상국, 여성훈련원 등 여성관련 부서들이 통합되어 유엔여성기구(UN Women)이 설립되었다. 여성차별 철폐와 성평등 실현을 위해 설립된 국제기구로서 여성차별철폐와 여성공익향상, 성평등 실현을 목표로 활동하고 있다.

물론 이러한 여성운동의 흐름을 하늘부모님의 섭리를 미리 안 사탄의 역사로 바라볼 수도 있다. 그럼에도 불구하고 역사 이래 억압되었던 여성의 지위가 점점 상승하여 남녀평등한 사회를 추구해왔다는 사실과 여성의 인권이 신장되어 남성과 여성이 진정으로 해방되는 것이 하늘부모님의 뜻이라는 사실 또한 잊어서는 안 된다. 물론 남녀평등은 여성의 잃어버린 권리를 찾아 가정을 파괴하고 남녀가 갈등하기 위한 것이 아니다. 어머니의 사랑으로 평화의 문화를 이룰 수 있는 여성이 중심이 되어 하늘부모님의 창조이상을 실현하자는 시대적 요청인 것이다.

6. 독생녀 참어머님의 유일무이한 가치

기독교 신학에서 하늘부모님은 남성적 이미지로 형상화되고, 메시아도 남성으로 한정되어 왔다. 그러나 가정연합은 하늘부모님을 본성상과 본형상의 중화적 주체이자 본양성과 본음성의 중화적 주체임을 설명하며, 남성과 여성이 하늘부모님의 형상을 따라 평등하게 창조되었다고 명시하였다. 이러한 가르침은 참부모의 이해를 통해 성별 위계적 인식을 극복하는 중요한 기반을 제공한다.

특히 참어머님은 '하늘부모님이 보내신 독생녀'로 강림하여 남성메시아 만으로 해결할 수 없었던 여성 구원의 문제를 근본적으로 해결하였다. 참어머님은 생애를 통해 타락한 여성들을 구원할 수 있는 길을 열어주셨으며 참아버님과 완전한 일체를 이루어 참부모로 완성하였다. 이를 통해 참어머님은 참사랑의 전통을 확립하며, 여성을 중심으로 창조본연의 평화세계를 실현할 수 있는 기대를 열었다.

그러나 가부장적 전통 속에 있는 일부 신자들은 참어머님의 독생녀

정체성을 부정하며 "참어머님은 참아버님에 의해 선택받은 부인으로 원죄 없는 해와의 자리로 복귀된 존재"로 주장하였다. 이러한 관점은 참아버님과 참어머님 사이에 위계적 관계를 설정함으로써 참부모님의 일심·일체·일념·일화를 부정하는 결과를 초래한다.

『원리강론』은 "타락한 자녀들을 선의 자녀로 다시 낳아주시기 위하여 참아버지와 함께 참어머니도 계셔야 하는 것이다. 죄악의 자녀를 다시 낳아주시기 위하여 참어머니로 오신 분이 바로 성신(聖神)이시다"[9]라고 밝히고 있다. 타락한 인류를 중생하기 위해 참아버지와 함께 참어머니가 지상으로 오셔야 했지만 예수가 강림하였을 때 독생녀가 실체로 강림하지 못하여 영적인 참어머니로 성신이 오셨다는 것을 설명하는 부분이다. '참어머니로 오신'이라는 표현을 주목하면 예수가 강림하여 독생녀를 찾아 세우는 것이 아니라 예수의 강림과 같이 독생녀인 참어머니도 "오신" 존재라고 명기한 것이다.

재림의 때에도 마찬가지로 참부모님은 "참부모는 혼자서는 안됩니다. (중략) 독생자가 나와도 혼자서는 안됩니다. 독생녀가 있어야 됩니다. 독생녀를 찾아 하나님을 중심삼고 서로가 좋아하는 자리에서 결혼해야 됩니다."[10]라고 말씀하셨으며 "하늘이 독생자만 찾아 나온 것이 아니라 독생녀도 찾아 나오셨습니다."[11]라고 말씀하셨다. 여기서 "찾아"라는 표현은 하늘부모님이 보내신 독생녀를 찾는다는 표현으로 참아버님에 의해 선택받는 것이 아니다. 참어머니는 지상에 독생녀로 강림하여야 하며 성

---

9   『원리강론』, 234.
10 『문선명선생말씀선집』 58권, 219 (1972.06.11.).
11 『참어머님말씀모음집(2014)』 ebook. 52.

혼하여 참부모가 되는 것이다.

참아버님은 이미 1970년 "이 지구상에 타락하지 않은 본연의 입장의 어머니가 있어야 합니다. 다시 말하면 악의 혈통을 통한 타락한 사랑의 인연을 맺지 아니한 본성의 어머니가 있어야 된다는 것입니다. 그러한 어머니가 없었다는 것입니다.(중략) 신랑 되신 주님이 이 땅 위에서 찾으시는 신부는 타락권 내에서 찾는 신부가 아닙니다. 타락하지 않은 순수한 혈통을 지니고 탄생한 분을 찾는 것입니다."[12]라고 말씀하면서 참어머님이 독생녀로 오신 것을 밝혀 주셨다.

참어머님은 하나님의 본래 이름인 '하늘부모님'을 선포하며, 감추어졌던 어머니 하나님의 모습을 드러냈다. 또한 독생녀로서의 정체성을 통해 여성 구원의 새로운 비전을 제시하였고, 이는 기독교 전통에서 남성 중심적 메시아 관념을 넘어서는 대안을 제공하였다. 독생녀 강림 이후 참어머님은 생애를 통해 참부모의 이상을 실현하고, 타락한 인류를 구원하기 위한 사명을 완수하였다. 남성과 여성이 동등한 관계를 이루는 본연의 모델을 제시하며, 참사랑의 전통을 확립하였던 것이다. 이러한 참어머님의 유일무이한 가치는 여성을 중심으로 창조 본연의 평화세계가 실현될 수 있는 기대를 열어주었으며, 독생녀로서 하늘부모님의 사랑을 체현하며, 전 인류가 참부모의 이상 아래 평화롭게 공존할 수 있는 길을 제시하였다.

---

12 『문선명선생말씀선집』 35권, 128 (1970.10.11).

V

생태론과 여성신학

1. 전통적 기독교 신학의 자연 이해

전통적인 기독교 신학은 오랫동안 인간을 창조의 정점에 놓고, 자연을 인간의 필요를 위한 도구으로 간주하는 인간중심주의(anthropocentrism)를 강화해왔다. 인간이 세계의 중심이며 궁극적인 목적이라고 보는 인간중심주의는 성경 해석에도 영향을 미쳤다. 특히 창세기 1장 28절의 "생육하고 번성하여 땅에 충만하라. 땅을 정복하라. 바다의 물고기와 하늘의 새와 땅에 움직이는 모든 생물을 다스리라"는 하늘부모님의 축복을 인간이 자연을 정복하고 지배하기 바라시는 하늘부모님의 뜻이라고 해석하여 자연을 인간 편의를 위한 개발의 대상으로 규정하였다. 자연을 사랑과 보호의 대상으로 보는 것이 아니라 이용과 착취의 대상으로 보는 신학적 기반이 형성된 것이다.

이러한 인간중심적 기독교 신학은 자연을 하늘부모님의 창조물이자 독립된 신성한 존재로 이해하기보다, 인간의 필요를 충족시키기 위한 수

단으로 규정하였다. 신학적으로 인간의 영혼과 이성은 고귀한 것이며, 자연은 고귀한 인간의 필요를 충족시키기 위해 존재한다고 본 것이다. 이는 아우구스티누스(Augustine)와 아퀴나스(Thomas Aquinas) 등의 신학자들에게서 뚜렷하게 나타난다.

그들은 인간은 신의 형상을 닮은 존재이기에 자연보다 우월한 위치에 있다고 하였다. 아우구스티누스는 피조물 사이에는 서열이 있으며, 신이 창조한 모든 존재는 특정한 질서를 따라 배치되었다고 보았다. 그는 『고백록(Confessiones)』과 『신국론(De Civitate Dei)』에서 "하나님의 창조 질서 안에서 자연은 인간보다 낮은 단계에 있으며, 인간의 필요를 위해 존재한다"고 주장하였다. 이는 신플라톤주의(Neoplatonism)의 영향을 받은 것으로, 신과 인간, 그리고 자연 사이에 위계적 관계가 형성되어 있다는 관점이었다.

그는 자연이 신의 창조물임을 인정하면서도, 인간이 신의 형상을 따라 창조된 독특한 존재이기에 자연보다 우월한 위치에 있다고 보았다. 자연은 하나님의 피조물로서 가치가 있지만, 인간을 위한 도구적 존재로 여겨졌으며, 인간이 자연을 활용하는 것은 신의 섭리에 부합하는 것으로 해석되었다.

아우구스티누스는 원죄(原罪) 개념을 발전시키면서, 인간의 타락이 자연 세계에도 영향을 미쳤다고 보았다. 창세기 3장에서 아담과 해와의 불순종으로 인해 인간뿐만 아니라 자연도 함께 타락한 결과, 질병, 기근, 재해와 같은 현상이 발생했다고 설명하였다. 이는 자연재해나 환경적 고통이 단순한 자연 현상이 아니라, 인간의 죄로 인해 신이 내린 형벌이라는 관점이었다.

그는 "피조물도 허무한 데 굴복하였으며... 탄식하며 함께 고통을 겪고 있다"(로마서 8:20-22)는 성경 구절을 인용하면서, 자연이 타락한 인간과 함께 신의 심판 아래 놓여 있으며, 이는 인간이 구속받는 과정에서 자연 또한 회복될 수 있다고 보았다. 따라서 자연을 보호하는 것은 신학적으로 중요하지 않으며, 궁극적으로 신의 섭리에 의해 자연의 회복이 이루어질 것이라는 관점이 강하게 자리 잡았다.

아우구스티누스는 인간 존재의 본질을 영혼(soul)과 육체(body)로 나누고, 영혼이 육체보다 우월하다고 보았다. 이러한 관점은 자연과 인간의 관계에도 영향을 미쳐, 영적인 것(신앙, 신학, 구원)은 가치 있는 것이지만, 물질적 세계(자연, 생태계)는 상대적으로 열등한 것으로 간주되었다. 이러한 이원론적 사고는 자연을 신학적으로 중요한 존재로 다루는 대신, 인간의 구속과 영적 성장에 초점을 맞추는 기독교 전통을 형성하는 데 기여하였다.

아퀴나스는 『신학대전(Summa Theologica)』에서 모든 피조물은 신이 정한 특정한 목적(telos)을 가지고 있다고 주장하였다. 또한 그는 인간이 다른 피조물보다 높은 지위를 가지며, 자연은 인간의 생존과 번영을 위해 존재한다고 설명하였다. 이는 인간이 자연을 다스리는 것이 단순한 권리가 아니라, 신이 부여한 역할이라는 점을 강조한 것이었다.

그는 창세기 1장 28절의 "땅을 정복하라"는 명령을 신학적으로 정당화하면서, 인간이 자연을 관리하고 활용하는 것이 신의 뜻이라고 보았다. 그러나 이는 단순한 착취가 아니라 "신의 뜻에 맞게 자연을 활용해야 한다"는 윤리적 조건을 포함하고 있었다.

아퀴나스는 인간과 동물 사이의 관계에서도 위계적 구조를 설정하였다. 그는 동물도 신의 창조물로서 의미가 있지만, 인간과 동일한 존엄성을 가질 수 없다고 보았다. 그는 "동물은 인간의 사용을 위해 창조되었으며, 인간이 필요에 따라 동물을 사용하는 것은 윤리적으로 문제가 없다"고 주장하였다. 이는 후대의 기독교 신학에서 동물권이나 환경윤리에 대한 논의를 어렵게 만든 신학적 근거가 되었다.

아퀴나스는 자연을 신의 존재를 증명하는 도구로 활용하였다. 그는 "자연의 질서와 조화는 신이 존재한다는 증거"라고 설명하여 자연을 인간이 신을 이해하는 데 도움을 주는 존재로 이해하였다. 이러한 자연신학적 관점은 자연의 본질을 신과 연결시키면서도, 자연을 독립적 가치를 지닌 존재가 아니라 인간의 신앙을 위한 보조적인 역할을 하는 종속적 존재인 것으로 이해하였다.

산업혁명 이후 서구 사회에서 자연이 본격적으로 경제적 자원으로 간주되면서 이러한 신학적 인간중심주의는 더욱 강화되었다. 자연의 신성한 가치는 간과되었으며, 인간이 효율적으로 사용하고 개조해야 하는 대상으로 변질되었다. 린 화이트(Lynn White Jr.)는 『생태위기의 역사적 뿌리(The Historical Roots of Our Ecologic Crisis)』에서 기독교 신학이 인간이 자연을 무제한으로 이용할 수 있도록 정당성을 부여했다고 비판하였으며 이러한 기독교적 세계관이 근대 기술혁명과 맞물리면서 심각한 생태적 위기를 초래했다고 지적하였다. 기독교의 전통적 신학은 자연을 인간이 필요에 따라 이용할 수 있는 대상으로 간주하게 만들었고, 이로 인해 서구 문명은 자연을 무한한 착취의 대상으로 삼게 되었다는 것이다.

자연은 하늘부모님의 창조 질서 안에서 인간과 공존하는 것이 아니라, 인간의 삶을 돕고 번영하기 위한 자원으로 기능하는 것으로 이해되었다. 그 결과, 인간은 자연을 보호하거나 돌보는 것이 아니라 개발하고 착취하는 것이 당연하다는 사고방식을 갖게 되었으며, 이는 산업혁명 이후 본격적인 환경파괴로 이어졌다.

나아가 전통적인 기독교 신학이 서구의 제국주의 및 식민주의와 결합하면서 백인중심주의(eurocentrism)를 강화한 것 역시 환경 파괴와 깊은 관련이 있다. 서구 열강이 아프리카, 아시아, 아메리카 대륙을 식민지화면서 기독교는 문명을 전파하는 도구로 활용되었고, 이에 따라 자연도 '미개한 것'으로 간주되어 개발과 착취의 대상으로 정당화되었다.

특히 서구 기독교 국가들은 자원을 무제한으로 개발하는 것이 하늘부모님의 뜻이며, 기독교 문명을 확장하는 과정에서자연을 인간이 통제하는 것이 정당하다고 보았다. 예를 들어 19세기 유럽 선교사들은 '땅을 개간하고 황무지를 개척하는 것'이 하늘부모님의 뜻이라는 논리를 펼쳤으며, 원주민의 생태적 전통을 무시하고 산업적 농업과 광업 등의 착취적 개발을 정당화하였다. 이는 단순한 종교적 선교를 넘어 자연을 포함한 모든 피지배 지역의 자원을 세계의 중심인 백인의 발전을 위해 활용하는 것이 정당하다는 이데올로기로 작용하였다.

린 화이트는 이러한 백인중심적 기독교 신학이 기독교 선교라는 이름으로 환경을 착취하는 기제로 작동하였음을 비판하였다. 백인 기독교 국가들은 원주민들의 자연과 조화를 이루는 삶의 방식을 '미신적'이고 비효율적'인 것으로 간주하며, 대규모 삼림 벌채, 광산 개발, 플랜테이션 농업 등을 통해 자연을 수탈하였다. 이러한 과정에서 기독교 신학은 자연의 파괴를 단순히 경제적 필요가 아니라 신학적 필연으로 정당화하는데 기여하였다.

전통적 기독교 신학은 남성중심주의(patriarchy)를 강화하면서 자연을 여성적인 존재로 형상화하고 지배의 대상으로 삼는 방식으로 규정하였다. 자연은 여성적인 속성과 동일시되면서, 정복하고 다스려야 할 대상으로 간주하는 경향이 나타났던 것이다.

고대 그리스 철학에서 자연(physis)은 여성적인 것으로 묘사되었다. 플라톤(Plato)과 아리스토텔레스(Aristotle)와 같은 철학자들은 자연을 남성이 통제해야 할 혼돈의 영역으로 보았다. 플라톤은『플라톤의 우주의 불확실성에서 안전하게 살아남기(Timaeus)』에서 자연을 무질서하고 변덕스러운 것으로 간주하면서 이성을 가진 남성이 자연을 조율해야 한다고 주장하였다.

아리스토텔레스는 더 구체적으로 남성과 여성의 관계를 자연의 원리로 확장하였다. 그는 남성을 능동적이고 이성적인 존재로, 여성을 수동적이고 감성적인 존재로 구분한 뒤, 이를 자연과 인간의 관계에 대한 비유로 활용하였다. 즉, 남성이 여성 위에 군림해야 하듯이, 인간(남성)이 자연을 지배해야 한다는 논리가 자연스럽게 정당화되었다.

이러한 영향을 받아 기독교 신학에서도 자연은 종종 여성적인 속성으로 묘사되었으며, 자연을 지배해야 한다는 사상이 강화되었다. 창세기 1장 28절에서 "땅을 정복하고 다스리라"는 하늘부모님의 명령은 인간이 자연을 관리하는 책임을 지닌다는 해석을 가능하게 하였지만, 역사적으로는 자연을 인간의 필요에 따라 마음껏 이용할 수 있다는 논리로 발전하였다.

초기 기독교 신학자들은 자연을 '어머니 대지(Mother Earth)'로 비유하면서도, 동시에 여성처럼 변덕스럽고 통제되어야 할 존재로 보았다. 이는 남성이 여성과 자연을 동시에 지배할 정당성을 부여하는 방식으로 작용하였다. 특히, 자연은 여성처럼 감정적이고 이성적이지 않으며, 남성이 문명을 통해 길들여야 한다는 서구의 사고방식이 기독교 신학과 결합하면서 더욱 공고해졌다.

산업혁명 이후 자연을 기계적이고 물질적인 대상으로 보는 경향은 더욱 강해졌고, 여성은 여전히 생산과 재생산의 도구로 여겨졌다. 여성과 자연 모두 남성의 통제하에 놓여야 한다는 인식이 교회 안에서도 강하게 작용하였으며, 이는 여성의 사회적 지위뿐만 아니라 자연에 대한 착취적 태도를 정당화하는 데 기여하였다.

2. 기독교 여성신학과 생태

여성신학자들은 기독교 신학이 여성과 자연을 도구화하면서 남성 중심적인 착취 논리를 제공했다고 비판해왔다. 이러한 문제를 극복하기 위해 여성신학자들은 전통적인 기독교 신학의 자연이해를 비판하면서, 보다 포괄적이고 조화로운 신학적 패러다임을 제시하였다.

먼저 여성신학자들은 전통적 기독교 신학의 자연이해에 대해 다음과 같은 비판을 제기하였다.

첫째, 창세기 1장 28절의 "땅을 정복하고 다스리라"는 구절의 해석에 대해 문제를 제기하였다. 류터(Rosemary Radford Ruether)는 전통적인 기독교 신학이 이 구절을 인간이 자연을 지배할 수 있는 근거로 사용해왔으며, 이는 환경파괴를 정당화하는 명분으로 작용했다고 지적한다. 그는 인간을 자연과 분리된 존재로 보는 관점에서 벗어나야 하며, 이 구절을 자연을 관리하고 보호해야 할 책임으로 해석해야 한다고 주장한다.

둘째, 전통적 기독교 신학은 자연을 여성성과 동일시하고 지배의 대상으로 간주해 왔다고 비판한다. 성경에서 자연은 어머니의 이미지로 표현되지만, 동시에 남성의 통제하에 있어야 하는 대상으로 묘사된다. 이러한 사고방식은 여성의 역할을 가정과 육아에 국한시키고, 남성 중심적 위계 구조를 정당화하는 논리의 연장으로 볼 수 있다.

셋째, 기독교 신학의 전통적 사고는 이원론적 구조를 바탕으로 형성되었으며, 이는 자연과 인간, 여성과 남성, 몸과 정신을 위계적으로 구분하는 데 기여한 것을 지적하였다. 맥훼이그(Sallie McFague)는 기존 신학이 하늘부모님을 '왕', '주재자', '아버지'로만 이해함으로써 권위적이고 지배적인 신관을 형성하였고, 인간이 자연을 지배해야 한다는 인식을 심화시켰다고 지적한다.

이러한 비판적 이해에 기초하여 여성신학자들은 자연과 여성의 가치를 재조명하며, 보다 상호적이고 평등한 관계를 강조하는 새로운 신학적 패러다임을 제시하였다.

류터는 창세기의 "땅을 정복하라"는 구절을 지배의 명령이 아니라 관리와 보살핌의 책임으로 해석해야 한다고 강조하면서, 인간이 자연과 공생하는 관계를 맺어야 한다고 제안하였다. 맥훼이그 또한 하늘부모님을 '자연의 어머니'로 이해하는 방식이 필요하다고 말하며, 보다 관계적인 신 개념을 수용해야 한다고 주장하였다.

크리스(Carol P. Christ) 역시 기존 신학이 '독립적 자아'를 강조한 반면, 여성신학은 인간을 '관계적 자아'로 이해한다는 점을 지적하였다. 이러한 여성신학의 이해는 인간과 자연, 남성과 여성, 개인과 공동체가 서로 연결되어 있으며, 조화로운 관계 속에서 존재해야 함을 제시한 것이다.

사실 전통적 기독교 신학의 인간중심주의에 대한 문제의식은 1960년대 환경파괴에 관한 문제가 제기되면서 자연스럽게 많은 신학자들 사이에 공유되었다. 당시 신학자들은 자연과 이성을 통해 신의 존재와 속성을 이해할 수 있다고 보는 자연신학(Natural Theology)이나 기독교 신학이 환경 보호에 어떻게 기여할 수 있는지를 고민하는 환경신학(Environmental Theology)으로는 근본적인 대안을 모색할 수 없다고 생각하였다. 인간을 자연의 일부이자 자연과 상호의존적인 존재로 보는 관점의 전환이 필요하다는 대안을 제시하면서 인간중심적 사고를 넘어 모든 생명체와 생태계 전체를 신학적으로 조망하고자 하는 생태신학(Ecotheology)이 등장하였다.

생태신학은 자연을 단순한 자원이나 보호해야 할 타자로 보지 않고 하늘부모님이 창조하신 세계이자 거룩한 존재로 이해했으며 인간뿐만 아니라 동물, 식물, 생태계 전체를 포괄하여 기독교가 생태 문제에 윤리적 책임을 가져야 한다고 주장하였다.

린 화이트(Lynn White Jr.)는 「생태적 위기의 역사적 뿌리(The Historical Roots of Our Ecological Crisis)」(1967)에서 기독교가 자연을 인간의 지배 대상으로 간주한 것이 환경 위기의 원인 중 하나라고 비판하였다. 그는 중세 기독교의 인간중심적 사고가 자연을 도구화하는 데 기여했으며, 이러한 신학적 문제를 극복하기 위해 보다 생태친화적인 기독교 해석이 필요하다고 강조하였다.

이러한 논의는 이후 몰트만(Jürgen Moltmann)의 『창조 안의 하나님(God

in Creation)』(1985)과 같은 연구를 통해 더욱 구체화되었다. 몰트만은 기독교 신학이 자연과의 조화를 강조하는 방향으로 나아가야 하며, 인간을 자연의 주인으로 간주하는 사고방식에서 벗어나야 한다고 주장하였다. 그는 인간을 자연의 일부로 이해하며, 자연 속에서 하늘부모님의 창조적 활동을 인식해야 한다는 점을 강조하였다.

생태신학은 다양한 신학자들에 의해 발전해 왔으며, 생태위기를 신학적으로 성찰하는 중요한 흐름으로 자리 잡았다. 이러한 생태신학과 여성신학의 문제의식을 결합한 신학적 흐름으로 생태여성신학이 등장하였다. 생태여성신학은 여성 억압과 자연 파괴가 동일한 구조적 원인에서 비롯되었다는 점을 강조한다. 1970년대 페미니즘 신학자들은 전통적인 기독교 신학이 자연을 여성적인 속성과 동일시하면서도 동시에 남성의 지배 아래 두는 모순적인 태도를 유지해 왔다고 비판하였다.

대표적인 생태여성신학자인 류터(Rosemary Radford Ruether)는 『가이아와 하나님(Gaia and God)』(1992)에서 서구 기독교의 가부장적 문화가 자연과 여성의 억압을 정당화하는 논리를 제공해 왔다고 주장하였다. 그녀는 자연을 단순한 자원으로 간주하는 것이 아니라, 생명과 조화로운 관계를 맺는 신학적 대상으로 바라봐야 한다고 강조한다.

맥훼이그(Sallie McFague) 또한 기존의 신 개념을 재해석하며, 하늘부모님을 '자연의 어머니'로 이해하는 방식이 필요하다고 주장하였다. 그녀는 『우주의 몸(The Body of God)』(1993)에서 전통적인 신학이 남성적이고 권위적인 신 개념을 강조해 왔으며, 이러한 사고방식이 인간의 자연 지배를 정당화했다고 분석하였다. 이러한 한계를 극복하기 위해 그녀는 신을 보다 포괄적이고 관계적인 존재로 이해하는 것이 필요하다고 주장하였다.

생태여성신학자들은 자연을 정복하고 착취해야 할 대상으로 보는 이원론적 사고방식을 비판하며, 인간과 자연이 상호의존적 관계를 맺고 있음을 강조한다. 특히 생태여성신학은 자연이 억압과 착취의 대상이 되어서는 안 된다고 강조한다. 시바(Vandana Shiva)는 가부장적 자본주의가 여성과 자연을 동시에 착취하는 구조를 형성했다고 분석하면서 생태운동과 여성운동이 함께 가야 한다고 주장하였다. 켈리(Petra Kelly) 또한 "한 여성이 능욕을 당하는 것과 지구가 능욕을 당하는 것은 구조적으로 연결되어 있다"고 말하며, 여성과 자연의 억압이 상호 연관됨을 강조한다.

몰트만(Jürgen Moltmann)은 '인간의 자연화'를 주장하며, 인간이 자연의 일부로서 스스로를 자연의 산물로 이해해야 한다고 강조하였다. 그는 인간이 자연을 지배하는 존재가 아니라 자연과 조화를 이루어야 하며, 신학적으로도 인간을 '하늘부모님의 형상'이 아닌 '세계의 형상'으로 이해하는 것이 중요하다고 보았다.

오늘날 생태신학과 생태여성신학은 환경 정의(environmental justice), 지속 가능성(sustainability), 그리고 생태적 영성(ecological spirituality) 등과 결합하여 더욱 발전하고 있다. 이들은 환경 보호를 단순한 윤리적 문제로 접근하는 것이 아니라, 신학적·사회적 정의의 문제로 바라보며, 기독교 공동체가 환경 보호를 신앙적 실천의 핵심 요소로 삼아야 한다고 지적한다.

여성신학자들은 전통적 기독교 신학이 여성과 자연을 도구화하고 착취하는 논리를 제공해 왔다고 비판하며, 이를 극복하기 위한 새로운 신학적 패러다임을 제안하였다. 여성신학은 인간을 자연과 분리된 존재가 아니라 자연과 조화를 이루는 상호의존적인 존재로 이해하며, 신의 개념 또한 보다 포괄적이고 관계적인 방식으로 재해석해야 한다고 설명하였다. 이러한 관점은 생태위기와 여성 억압을 동시에 해결할 수 있는 신학적 기반을 제공하는 것으로 평가되었다.

3. 참부모여성신학의 생태이해

참부모신학은 인간을 '만물의 주관주'로 이해한다. 그러나 인간이 만물을 주관한다는 것은 자연을 지배하고 착취하는 것이 아니라, 하늘부모님의 심정을 상속받아 자연을 사랑하고 감사하는 마음으로 돌보는 것을 의미한다. 창조본연의 인간은 하늘부모님의 창조 목적을 실현하는 자녀로서 자연과 조화를 이루며 자연을 사랑해야 했다.

참부모신학은 자연은 인간의 가치 평가와 무관하게 고유한 본질적 가치를 가지고 있는 것으로 설명한다. 하늘부모님이 창조한 대상으로 하늘부모님의 사랑을 받는 존재이기에, 모든 피조물은 창조주께 기쁨을 드리는 독특한 개성을 지니고 있다. 모든 자연에는 하늘부모님의 사랑과 심정이 깃들어 있으며, 그 안에 신성을 담고 있기에 단순한 물질이 아니라 하늘부모님의 창조원리가 담긴 신성한 존재이다. 인간은 이러한 자연을 사랑하고 보호해야 한다.

또한 자연은 고유한 본질적 가치와 함께 인간과의 관계 속에서 형성되는 가치도 있다. 자연은 인간을 보호하고 양육하는 부모와 같은 역할을 하며, 인간의 생명을 유지하기 위한 필수적 환경을 제공한다. 즉 자연은 인간의 형제자매와 같으며, 생명공동체 안에서 상호의존적인 관계로 연결되어 있다. 따라서 인간은 자연을 함께 살아가야 하는 존재로 인식해야 한다.

끝으로 자연은 스스로 주체적으로 경험되는 존재로서 가치를 가진다. 자연은 다양한 생명체가 서로 영향을 주고 받으며 살아가는 관계망 속에서 존재하며, 그 안에서 사랑과 심정을 교감한다. 자연은 인간이 하늘부모님의 사랑을 깨닫고 실천하는 중요한 교재로서 역할을 하며, 인간과 자연이 조화를 이루며 살아갈 때 더욱 존재의 본질적 가치가 빛을 발하게 된다.

그러나 타락한 인간은 하늘부모님의 심정을 잃어버리고 자연을 이기적으로 이용하였으며, 그 결과 환경 파괴와 생태 위기를 초래하였다. 이에 참부모신학은 인간이 본래적인 사랑과 책임을 회복할 때 자연도 본연의 조화와 질서를 되찾을 수 있다고 본다. 로마서 8장 19절에서 "피조물이 고대하는 바는 하나님의 아들들이 나타나는 것이니"라고 하였듯이, 자연은 인간이 참된 주관주로 거듭날 때 함께 구원될 것으로 보는 것이다.

하늘부모님은 인간과 자연을 창조하셨고, 모든 피조물이 개체목적과 전체목적을 가지고 존재하도록 하셨다. 개체목적은 개별 존재가 자신의 생명을 유지하고 번성하는 것이며, 전체목적은 더 큰 공동체를 이루어 조화를 이루는 것이다. 인간과 자연 역시 이러한 원리를 따라 살아가야 하며, 궁극적으로 하늘부모님께 기쁨을 돌려드리는 창조 목적을 가지고 있다.

자연은 인간과 독립적으로 존재하는 것이 아니라, 인간과 하늘부모님을 연결하는 존재이기도 하다. 따라서 인간은 자연을 단순한 자원으로 소비하는 것이 아니라, 자연을 통해 하늘부모님의 사랑을 실천하고 배우는 상대로 인식해야 한다.

성경은 자연을 통해 하늘부모님의 신성이 드러난다고 강조하는 구절이 여러 곳에 등장한다. 시편 19:1은 "하늘이 하나님의 영광을 선포하고 궁창이 그의 손으로 하신 일을 나타내는도다"라는 구절은 창조된 세계가 그 자체로 하늘부모님의 존재와 영광을 증거하며, 우주 만물이 하늘부모님의 창조성을 반영한다는 의미를 담고 있다. 즉, 인간은 자연을 통해 하늘부모님의 능력과 위엄을 직접 경험할 수 있다는 것이다.

또한, 로마서 1:20은 "창세로부터 그의 보이지 아니하는 것들 곧 그의 영원하신 능력과 신성이 그가 만드신 만물에 분명히 보여 알게 되었나니 그러므로 그들이 핑계하지 못할지니라"라고 하여 하늘부모님의 신성과 권능이 자연 속에 드러나 있으며, 모든 피조물이 이를 통해 신의 존재를 인식할 수 있다고 하였다. 자연은 단순한 물리적 환경이 아니라, 신의 성품과 창조적 질서를 반영하는 증거로 작용한다.

이처럼 자연은 단순한 배경이 아니라 하늘부모님의 창조 섭리와 신성을 나타내는 중요한 매개체이다. 산과 바다, 하늘과 별, 식물과 동물의 조화로운 질서는 신의 섭리가 깃들어 있음을 보여주며, 인간은 이를 통해 하늘부모님의 존재와 뜻을 깨달을 수 있다. 따라서 자연을 바라보는 것은 곧 하늘부모님의 손길을 경험하는 것이며, 신앙의 깊이를 더하는 하나의 경로가 된다. 참부모신학은 이러한 관점을 더욱 발전시켜 자연을 인간의 이익을 위해 착취할 대상이 아니라, 신성과 조화를 이루며 보호해야 할 존재로 본다.

하늘부모님은 인간을 만물의 주관주로 창조하셨다. 하지만 인간이 자연을 주관한다는 것은 단순한 지배가 아니라, 하늘부모님의 창조성과 사랑을 실현하는 것이다.

첫째, 인간은 자연을 변화시키고 활용할 수 있는 능력을 부여받았다. 그러나 이것이 자연을 파괴해도 된다는 의미는 아니다. 오히려 인간은 자연을 보존하고 조화롭게 활용하는 책임을 지고 있다.

둘째, 인간은 하늘부모님의 심정을 공유하고 창조성과 주관성을 상속받은 존재이다. 창조본연의 인간이라면 자연을 사랑하고 보호해야 하며, 자연과 조화를 이루는 삶을 살아야 한다. 그러나 타락 이후 인간은 자기중심적으로 자연을 이용하고 착취하는 존재가 되었고, 이로 인해 환경위기가 발생하였다.

셋째, 인간은 자연을 위해 봉사하는 존재가 되어야 한다. 인간은 자연과의 조화를 이루어야 하며, 자연을 보호하는 것이 곧 인간의 생존과 연결된다는 점을 깨달아야 한다. 따라서 참부모신학은 자연을 착취하는 것이 아니라, 사랑과 책임으로 돌보아야 한다고 가르친다.

생태여성신학에서는 인간이 자연을 정복하는 것이 아니라, 자연과 동등한 존재로 살아가야 한다고 주장한다. 이는 인간과 자연을 분리된 존재가 아니라 상호 연결된 존재로 바라보는 점에서 중요한 통찰을 제공한다. 그러나 참부모신학은 보다 총체적인 관점을 제시한다. 인간과 자연은 하늘부모님의 피조물이라는 점은 동일하지만, 인간은 하늘부모님의 형상을 따라 창조된 존재이며 자연은 하늘부모님의 속성을 반영한 상징적 실체이다. 따라서 인간은 자연과 동등한 존재가 아니라, 자연을 보호하고 사랑해야 할 책임을 가진 존재이다.

가정연합 생태신학은 인간과 자연이 독립적으로 존재하는 것이 아니라 상호 의존적 관계를 이루며 살아간다고 본다. 인간과 자연은 수수작용의 원리에 따라 서로 주고받으며 공생하도록 창조되었으며, 조화로운 상호작용을 통해 함께 발전해 나간다. 자연은 인간에게 필요한 모든 것을 제공하고, 인간은 자연을 보살피고 보호하는 역할을 담당해야 한다. 이러한 관계 속에서 인간과 자연은 하나의 유기체처럼 조화를 이루게 된다.

또한 하늘부모님은 인간과 자연을 사랑의 대상으로 창조하셨으며, 인간은 자연과 사랑을 주고받으며 살아가야 한다. 인간이 자연을 정복하고 착취하는 것이 아니라, 자연과 함께 공존하며 상생하는 것이 하늘부모님의 창조 원리에 부합하는 것이다.

인간과 자연은 연체적 존재로서의 상호 연결되어 있다. 인간과 자연은 개별적 존재인 동시에 서로 연결된 연체적 존재로서, 개별성과 관계성을 동시에 지니고 있다. 인간과 자연은 서로 영향을 주고받으며, 자연이 건강할 때 인간도 건강한 삶을 누릴 수 있다. 나아가 인간과 자연은 서로 분리된 존재가 아니라 존재론적으로 연속성을 가진다. 자연은 인간이 살아가는 터전이며, 인간은 자연을 닮은 존재로 창조되었다. 따라서 인간과 자연은 하나의 생명 공동체로서 서로 연결되어 있으며, 자연을 보호하는 것은 곧 인간 자신을 보호하는 일과 같다.

이와 같은 인간과 자연의 상호관계를 바탕으로 볼 때, 인간이 자연을 보호하고 존중하는 것은 단순한 윤리적 책임이 아니라 창조 원리에 부합하는 필연적 실천이다. 인간과 자연이 조화를 이루며 살아갈 때, 하늘부모님의 창조 목적이 온전히 실현될 수 있다. 하늘부모님은 인간이 자연을 주관하면서도 자연과 조화를 이루기를 바라신다. 자연을 착취하는 것은 하늘부모님의 창조 목적을 위배하는 것이며, 인간이 타락한 본성을 극복하고 참된 심정을 회복할 때만 올바른 주관주로 설 수 있다.

참부모신학은 인간이 하늘부모님의 심정을 체휼할 때 자연을 바르게 주관할 수 있다고 본다. 인간은 자연의 보호자로서 자연의 복지와 행복을 추구해야 하며, 자연을 통해 하늘부모님의 창조성을 실현해야 한다. 창조본연의 인간은 자연 속에서 기쁨을 느끼며, 자연과 조화를 이루는 삶을 살아야 한다. 그러나 인간이 이기적인 목적을 위해 자연을 남용하면, 자연은 파괴될 수밖에 없다. 인간은 하늘부모님의 사랑을 바탕으로 자연과 수수(授受)의 관계를 맺어야 하며, 감사의 마음으로 자연을 이용해야 한다.

창세기에서 하늘부모님이 인간에게 "만물을 주관하라"고 하신 축복은 단순한 지배의 명령이 아니라, 사랑하라는 의미이다. 자연은 하늘부모님의 창조성과 사랑을 반영하는 신성한 존재이며, 인간은 자연을 돌보고 가꾸는 역할을 수행해야 한다.

참부모신학은 인간과 자연을 대립적 관계로 보지 않는다. 오히려 인간이 자연과 조화를 이루고, 하늘부모님의 사랑을 실천하는 존재로 창조되었다고 본다. 자연을 보호하는 것은 단순한 환경 보호의 문제가 아니라, 하늘부모님의 창조 목적을 실현하는 중요한 신앙적 과제이다.

현대 사회의 환경 위기는 인간이 하늘부모님의 심정을 잃어버렸기 때문에 발생한 문제이다. 따라서 참부모신학은 단순히 환경 보호를 넘어, 인간이 본래적인 사랑과 심정을 회복하는 것이 중요하다고 본다. 인간이 자연을 사랑하고 조화롭게 주관할 때, 하늘부모님의 창조 목적이 온전히 실현될 것이다.

하늘부모님께서 인간을 창조하신 목적은 자연과 조화를 이루며 창조

본연의 세계를 실현하는 것이다. 인간이 타락한 후 자연을 착취하는 방식으로 살아왔지만, 참부모님을 통해 인간이 본래적인 사랑과 심정을 회복한다면 자연과의 관계도 회복될 수 있다. 참부모신학은 이러한 생태적 비전을 제시하며, 인간이 자연을 보호하고 사랑하는 것이 곧 하늘부모님의 창조목적을 실현하는 길임을 강조한다.

오늘날의 환경 문제는 인간이 자연을 정복하고 착취하려는 태도에서 비롯되었다. 인간이 만물의 주관자로서 자연을 사랑하고 보호하는 역할을 다하지 못한 결과, 생태계의 균형이 무너지고 환경 위기가 심화된 것이다. 주재완은 이러한 문제를 해결하기 위해 다음과 같은 실천 방향을 제시하고 있다.

첫째, 인간의 심정적 성숙이 필요하다. 인간이 자연을 함부로 다루는 것은 자연을 사랑하는 마음이 부족하기 때문이다. 하늘부모님의 심정을 상속받아 자연을 사랑하는 자세를 갖출 때, 인간은 자연과 조화를 이루며 살아갈 수 있다.

둘째, 자연을 보호하고 보살피는 책임을 다해야 한다. 자연은 하늘부모님께서 인간에게 맡기신 소중한 창조물이므로, 인간은 자연을 함부로 이용하는 것이 아니라 그 가치를 존중하며 보호해야 한다. 이는 단순한 환경 보호 차원을 넘어, 창조 원리를 실천하는 중요한 사명이 된다.

셋째, 생태적 삶의 방식으로 전환해야 한다. 인간이 자연과 더불어 살아가기 위해서는 삶의 방식 자체가 변화해야 한다. 지속 가능한 소비와 환경 친화적 생활 방식, 그리고 자연과 조화를 이루는 경제 및 산업 구조를 구축하는 것이 필요하다.

넷째, 사회적 구조를 생태 중심적으로 개혁해야 한다. 현재의 경제와 정치 구조는 자연을 수단화하고 환경을 파괴하는 방향으로 운영되고 있다. 이를 변화시키기 위해서는 공생과 조화를 중심으로 하는 사회적 가치관이 필요하며, 이를 실현하기 위한 정책과 제도가 마련되어야 한다.

다섯째, 신앙적 실천이 필요하다. 인간과 자연의 조화로운 관계는 단순한 환경 보호 운동이 아니라 하늘부모님의 창조 목적을 실현하는 신앙적 실천이기도 하다. 신앙 공동체는 자연을 보호하고 보살피는 데 앞장서야 하며, 이를 통해 하늘부모님의 사랑을 실천해야 한다.

가정연합 생태신학은 자연이 하늘부모님의 창조 목적 속에서 본질적 가치를 지니고 있으며, 인간과 자연이 상호 의존하며 살아가는 존재임을 강조한다. 인간이 자연을 보호하고 사랑하는 것은 선택이 아니라 필수적인 실천이며, 이를 통해 창조 목적이 실현된다. 오늘날의 생태 위기는 인간이 하늘부모님의 심정을 잃어버린 결과이므로, 인간이 본래의 사랑을 회복하고 자연과 조화를 이루는 것이 해결의 열쇠가 될 것이다.

이러한 생태적 가치관을 바탕으로, 인간은 자연을 보호하고 존중하며 하늘부모님의 사랑을 실천해야 한다. 생태적 삶의 방식으로 전환하고 사회 구조를 개혁함으로써, 인간과 자연이 조화를 이루는 새로운 평화 세계를 만들어 가야 할 것이다.

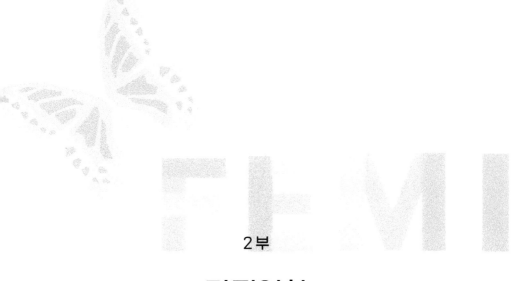

2부

가정연합
여성신학의 실천과 미래

VI

여성의 자아실현

1. 저출산이 제기한 문제

2023년 한국의 합계출산율은 0.72명으로, 전년 대비 0.06명 감소하여 1970년 출생통계 작성 이래 최저치를 기록하였다.[1] 이는 OECD 국가 중 최저수준으로 대한민국의 미래를 위협하는 가장 중요한 위기로 부각되어, 이를 해결하기 위해 0세 영아 월 100만원, 1세 월 50만원 등 양육비를 지급하고 첫 자녀 출산시 200만원, 둘째 자녀 이상은 출산마다 300만원을 지급하는 등 저출산정책이 수립되었다.[2] 이외에도 신혼부부 주택구입 및 전세자금 대출의 소득요건 완화, 청년주택드림 청약통장 신설 등 가족친화적 주거서비스와 생후 6개월까지 부모 육아휴직시 통상임금

---

1 통계청, 「2023년 출생통계」, 2024.8.29. https://www.kostat.go.kr/board.es?mid=a10301 010000&bid=204&act=view&list_no=432388 (검색일: 2024.11.10.)
2 저출산고령사회위원회, 「2024 새롭게 시행되는 저출산정책」, 2023.12.22. https://www. betterfuture.go.kr/front/policySpace/policyReferenceDetail.do?articleId=23 (검색일: 2024.11.10.)

100% 지원, 육아기 근로자 시차출퇴근 장려금 월 2만원 신설 등 일·가정 양립을 위한 지원 등의 저출산정책을 통해 청년세대의 출산에 대한 경제적 부담과 주거비용 상승, 일·가정 양립의 어려움 등의 복합적 요인을 해결하고자 하였다.

이러한 노력으로 2024년 합계출산율이 감소세를 멈추었다는 통계자료들이 나오고 있으나 단기적인 성과는 제한적일 것이라는 분석이 더 많다.[3] 여성의 경제활동 증가로 인한 결혼과 출산 지연 또는 포기는 지속되고 있기 때문이다. 2023년 통계청 자료에 따르면 저학력 여성의 미혼율은 15.9%이나 고학력 여성의 미혼율은 28.1%로 2배 가량 높은데 반해, 저학력 남성은 30.9%가 미혼이나 고학력 남성은 27.4%가 미혼으로 더 낮았다. 고학력 남성은 경제적 조건을 갖춘 후 결혼을 선택하는 반면, 고학력 여성은 경제적 조건이 갖춰지면 결혼을 선택하지 않는 것이다.[4]

여성의 경제활동 증가로 인한 저출산 심화를 해결하기 위해 선진국과 같은 사회구조적 변화가 필요하다는 지적이 많다. 여성의 고용이 증가하고 임금수준이 향상될수록 자녀를 출산하고 양육할 때 발생하는 경력단절의 위험과 일과 가정의 양립을 어렵게 하는 구조적인 환경 등으로 기회비용이 상승하여 출산율이 감소된다는 것이다.[5] 이에 따라 여성의 경제활동 증가에 따른 출산율 감소를 해결하기 위해 일·가정 양립을 위한 여러 정책이 시행되고 있다.

---

3   박규리, 「고령시대 저출산의 원인과 다자녀 양육자의 삶의 질에 대한 인식도 분석」, 『융합과 통섭』 7(3) (2024), 121.

4   안가을, 「"엄마 하느니, 팀장할래요" 고학력 女일수록 '나혼자 산다'...男은?」, 『파이낸셜뉴스』 2024.7.26.

5   Oded Galor and David N. Weil, "The Gender Gap, Fertility, and Growth," American Economic Review, 86(1996), 374-378.

그러나 이러한 정책에도 불구하고 혼인율과 출산율은 쉽게 증가하지 않고 있다. 보다 근본적으로 사회적으로 여성의 경제활동을 이해하고 지원하는 문화가 조성되지 않고 있기 때문이다. 여성의 경제활동은 이미 우리 사회에서 가정과 경제 모두를 유지하는 중요한 축으로 자리 잡았음에도 불구하고 남성과 여성이 함께 가사와 육아를 분담할 수 있는 가치관의 전환과 기업문화의 변화가 이루어지지 않았기에 출산율 상승으로 이어지지 않는 것이다.

이에 본 연구는 저출산문제를 해결할 수 있는 가치관의 전환을 위해 여성이 경제활동을 하고자 하는 주요한 동기를 자아실현으로 보고 통일사상 본성론의 관점에서 그 대안을 모색해보고자 하였다. 그러나 통일사상 본성론은 자아실현이나 여성의 자아실현을 별도로 논의하지 않고 있기 때문에 먼저 본성론의 주요 개념을 중심으로 자아실현을 정리해볼 것이다. 이후 논의의 진전을 위해 매슬로우(Abraham Maslow)의 욕구위계이론(Hierarchy of Needs) 중 가장 높은 단계의 욕구로 제시된 자아실현(Self-Actualization)을 살펴보고자 한다. 나아가 관계적 자아로 여성의 자아실현을 설명한 길리건(Carol Gilligan)의 여성의 자아실현을 탐구해볼 것이다. 이를 바탕으로 통일사상 본성론으로 매슬로우의 자아실현과 길리건의 여성의 자아실현을 분석해봄으로써 통일사상 본성론의 관점으로 여성의 자아실현의 논점을 구체화하고자 한다.

이러한 논의는 여성의 경제활동이 가지는 자아실현의 의미를 통일사상적으로 정립할 수 있는 시도로서 의미를 가지며 임신과 출산, 양육 등의 부모됨 또한 여성의 자아실현의 중요한 과정임을 설명할 수 있을 것이다. 나아가 남성 역시 개인으로서의 자아실현과 부모됨의 가정적 자아실현이 균형을 이루어야 함을 이해할 수 있을 것이다. 통일사상 본성론은 여성의 자아실현을 통합적으로 이해하는 것은 물론, 여성의 자아실현과 공동체의 조화를 통해 저출산문제를 극복할 수 있는 근본적이고 통합적인 방향성을 모색하는데 기여할 것이다.

2. 통일사상 본성론과 자아실현

통일사상의 본성론은 인간이 타락하지 않고 하늘부모님의 말씀에 따라 살면서 하늘부모님의 사랑을 받게 되면, 본래의 모습 즉 하늘부모님을 닮은 모습이 될 수 있다고 본다. 이러한 인간은 하늘부모님의 신상(神像)을 닮은 신상적 존재이자 신성(神性)을 닮은 신성적 존재이며 원상의 격위성을 닮은 격위적 존재이다.[6] 이러한 창조본연의 인간의 모습을 중심으로 자아실현을 논의해보고자 한다.

1) 신상적 존재

인간은 하늘부모님의 성상(性相)과 형상(形狀)을 닮아 마음과 몸의 이중체, 즉 성상과 형상의 통일체로서 창조목적에 부합하는 삶을 살아가면서 자아실현을 하게 된다. 인간의 생심은 진선미(眞善美)와 사랑을 추구하며, 가치 있는 삶을 지향하는 동시에 육신은 물질적인 생활을 추구한다. 이러한 관점에서 볼 때 인간의 자아실현은 진선미와 사랑을 실현하는 가치

---

6   통일사상연구원, 『통일사상요강』 (서울: 성화사, 2002), 221-255. 2장은 『통일사상요강』의 본성론을 중심으로 논의하므로 문단별 각주는 생략하고자 한다.

있는 삶을 사는 것이며, 그 기반이 되는 물질적인 생활을 가능하도록 하는 것이다. 이러한 자아실현의 핵심은 자기만족적인 성취나 성공에 머무는 것이 아니라 '위하여 사는 삶'을 통해 가족, 사회, 인류를 사랑하고, 궁극적으로 하늘부모님의 기쁨을 완성하는 존재가 되는 것이다.

인간의 자아실현은 하늘부모님을 닮은 존재로서 자신을 완성하여 하늘부모님이 주신 창조목적인 참자녀가 되어 참가정을 이루고 참된 주관자가 되는 것으로 각자의 독창적인 개성(個性)을 통해 구체화된다. 모든 사람은 하늘부모님의 각기 다른 특성을 닮은 개성진리체로서 자신의 인격을 완성하고 가정을 이루며 자신만의 창조적 활동을 통해 하늘부모님께 기쁨을 돌려 드릴 수 있다. 이러한 기쁨은 가정과 사회, 국가, 세계에 기여하는 것으로 가정에서 사랑을 실천하고 사회에 기여하는 것을 통해 더욱 구체화된다.

그러나 현대사회는 타락으로 인해 인간의 생심과 육심의 관계가 왜곡되어 물질적 욕구가 가치를 추구하는 생활을 압도하여 자아실현을 물질적 생활로만 이해하고 있으며, 가치를 실현하는 자아실현은 추구되지 못하고 있는 상황이다. 따라서 본심의 가치를 추구하는 자아실현을 회복해야 한다.

인간은 양성과 음성의 조화체이기도 하다. 본성론은 남성과 여성을 각각 양성 실체와 음적 실체로 보고 양성실체와 음성실체가 조화를 이루는 것을 부부라고 하였다. 따라서 부부는 남녀가 육체적 결합하는 차원을 넘어 하늘부모님의 본양성과 본음성의 이성성상이 실체로 현현하는 의미를 가지며, 하늘부모님의 창조과정의 최후 단계로서 우주 창조의 완료를 의미한다. 나아가 인류의 통일이자 가정의 완성을 의미한다. 즉 인간이 자아를 실현한다는 것은 부부를 이루어 하늘부모님의 현현과 우주창조의 완성, 인류의 통일과 가정의 완성을 실현하는 것이며, 결혼은 자아실현에 중요한 의미를 가진다. 모든 인간은 하늘부모님의 일성을 닮아 창조된 양성적 실체 또는 음성적 실체로서 하늘부모님을 닮기 위해 부부가 되어야 하며, 이런 측면에서 결혼은 자아실현의 필수적인 과정이라 할 수 있다.

2) 신성적 존재

인간은 하늘부모님의 신성을 닮은 존재로서 심정과 로고스, 창조성을 가진 존재이다. 먼저 인간은 하늘부모님의 심정(心情)을 닮은 존재로서, 사랑을 기반으로 삶을 영위하도록 창조되었다. 심정은 사랑의 원천이자 인격의 핵심으로 하늘부모님의 심정을 체휼하여 사랑을 실천하며 살아가는 애적 인간(homo amans)으로 성장하는 것이 자아실현의 핵심이 된다.

다음으로 인간은 하늘부모님의 로고스(理法)를 닮은 존재로, 이성과 법칙에 따라 자유와 질서를 조화롭게 실현하도록 창조되었다. 자아실현은 이러한 로고스적 특성을 바탕으로 자신의 삶을 규범적이고 조화롭게 이끌어가는 과정이라 할 수 있다. 인간은 사회적 질서 안에서 자유를 추구하며 가정과 사회에서 종적인 관계와 횡적인 관계 속에서 조화와 화합을 이루어 공동체를 완성하고자 한다.

끝으로 인간은 하늘부모님의 창조성을 닮아 창조적 활동을 통해 자아를 실현하도록 창조되었다. 이러한 창조는 단순히 노동을 통해 물질적 창조를 하는 것에 그치지 않고 사랑과 심정을 중심으로 가치를 창조하는 활동을 의미한다. 창조적 활동은 사랑을 동기로 하는 것으로 성장기간 동안 책임을 다해 창조성을 완성해야 하며 하늘부모님의 창조성을 계승하여 사회적, 문화적 발전에 기여하여야 한다.

현대 사회는 사랑과 심정을 잃어버리고 물질적 욕구를 충족시키기 위한 창조활동을 우선시하고 있어 이기적인 경제활동을 하고 있으며, 공동체의 질서를 간과한 채 자신의 자유를 우선시하여 질서를 파괴하고 있다. 이기적인 창조활동은 개인을 넘어 가정과 사회로 확대되어 가정이기주의, 국가이기주의, 인간중심주의 등을 낳고 있으며 갈등과 분쟁을 일으키고 있다. 특히 인간중심주의는 생태를 파괴하여 인간의 삶의 기반이 위협 받고 있는 상황이다.

이러한 문제를 극복하기 위해서는 심정을 기반으로 한 사랑의 실천과 로고스를 바탕으로 한 공동체 질서의 회복, 본심에 기반한 창조성 사용을 통해 자아실현이 이루어져야 한다. 즉 신성적 존재인 인간의 자아실현은 심정을 기반으로 사랑을 실천하면서 공동체의 질서 속에서 가정과 사회, 공동체를 위한 창조적 활동을 통해 완성되는 것이다.

3) 격위적 존재

인간은 격위적 존재로 주체와 대상의 관계를 통해 자신의 본성을 실현하며, 개인과 공동체의 조화를 이루는 존재이다. 자아실현은 이러한 격위적 관계를 바탕으로 자신의 위치와 역할을 완수함으로써 이루어진다.

먼저 인간은 하늘부모님의 대상으로 창조되어 하늘부모님께 기쁨을 돌려드리는 창조목적을 완성하는 자아실현을 해야 한다. 성장과정에서 인간은 부모와 스승, 상사 등을 만나게 되는데 이들을 대상의 자리에서 사랑하고 존중하면서 자아실현을 해야 한다. 겸손과 온유한 자세로 성장하기 위한 배움의 자세를 가지고 타인을 위하여 사는 삶을 통해 자아실현을 하게 된다. 이러한 자세는 가정과 사회 윤리의 기초가 되며 사회질서를 유지하고 발전시키는 기반이 된다.

이러한 성장과정을 거쳐 인간은 부모와 스승, 상사 등의 주체 격위에 서게 된다. 이러한 주체격위는 사랑과 책임의 실천을 통해 이루어진다. 참된 주체는 대상에게 관심과 사랑을 베풀고 대상의 자아실현을 도와야 한다. 또한 사랑에 기반한 권위를 가지고 대상에게 신뢰와 안정감을 주면서 대상의 성장을 돕는다. 이러한 창조적 활동을 통해 자아실현을 할 수 있다. 예를 들어 부모는 자녀의 성장과 자아실현을 도우면서 부모의 자아를 실현하게 되며 스승은 제자의 성장과 자아실현을 도우며 스승의 자아실현을 하게 되는 것이다.

이러한 대상격위와 주체격위는 동시에 한 인간의 삶 속에 있으므로 인간은 연체적 격위를 가진 연체적 존재라 할 수 있다. 연체격위에서 자아실현은 두 격위의 균형을 통해 이루어진다. 인간은 하늘부모님 앞에 영원한 대상의 격위를 가지므로 늘 대상격위를 우선시하면서 겸손과 섬김을 통해 주체의 역할을 수행해야 한다. 예를 들어 모든 부모는 원가족 안에서 자녀의 역할을 가진다는 점에서 자녀이기도 하다. 부모를 모시는 자녀인 동시에, 자녀를 둔 부모로서 자녀를 이해하고 사랑하고자 노력해야 하는 것이다.

이러한 연체격위는 권리와 책임의 균형을 가질 수 있도록 하면서 민주주의와 평등의 가치를 실현하도록 한다. 나아가 연체격위는 주체와 대상 간의 조화로운 관계를 통해 공동체의 발전과 사회적 화합에 기여할 수 있도록 한다.

타락으로 인해 현대 사회는 주체와 대상의 질서가 왜곡되고, 권위의 남용이 일어나고 있으며 대상의식의 상실로 혼란 상태에 있다. 모든 인간은 하늘부모님과 타인을 섬기는 대상의식을 가져야 하며 겸손과 조화를 실천하여야 한다. 부모와 스승, 상사 등 주체격위에 있는 사람들은 권위에는 사랑이 내포되어 있다는 것을 잊지 말고 주체의 역할을 책임 있게 수행하는 것이 필요하다. 자신의 위치와 역할을 인식하고 겸손과 헌신을 바탕으로 사회적 조화를 추구해야 한다.

부부관계 또한 횡적인 연체로서 사랑을 바탕으로 주체와 대상의 관계를 조화롭게 가져야 한다. 남편과 부인이 서로를 위하는 사랑으로 상대를 성장시키고 조화를 이룰 수 있도록 노력하는 것이 자아실현의 길이 된다. 예를 들어 남편의 자아를 실현하기 위해서는 부인을 위하는 사랑으로 부인의 자아실현을 돕기 위해 겸손과 헌신을 바탕으로 노력해야 한다. 부인 역시 남편의 자아실현을 돕기 위해 함께 노력해야 상호 조화를 이룰 수 있는 것이다.

격위적 존재인 인간은 주체와 대상의 조화로운 관계 속에서 자아실현을 하게 된다. 대상격위에서 위하는 삶을 실천하며, 주체격위에서 사랑과 책임을 통해 대상을 성장시키고 조화를 이루면서 자아실현을 하여야 한다. 이러한 연체적 관계를 통해 자아실현은 개인과 공동체의 완성을 동시에 이루며, 이상적인 사회와 세계의 건설에 기여할 수 있다.

3. 여성의 자아실현

자아실현에 대해서는 여러 이론이 있으나 본 연구에서는 가장 대표적인 매슬로우(Abraham Maslow)의 자아실현을 살펴보고, 여성의 자아실현에 대해 논의한 길리건(Carol Gilligan)의 논의를 정리해보고자 한다.

1) 매슬로우의 자아실현

매슬로우(Abraham Maslow, 1908-1970)는 인간이 자신의 잠재력을 최대한 발휘하려는 경향을 지닌 존재로, 경이로운 가능성과 심층적인 특성을 가진 하나의 유기체라고 하였다. 그는 인간은 스스로 성장하고 싶은 방향을 탐구하면서 자아실현을 위한 자기책임을 인식하게 된다고 보았다. 이러한 과정에서 모든 인간은 항상 특정한 동기를 가지고 있으며, 그 동기를 충족시키고자 노력한다고 주장하였다. 또한 그는 인간의 동기가 위계적으로 구조화되어 있다고 하면서, 이 구조 내에서 긴박성(urgency), 강도(intensity), 우선성(priority) 등 여러 차원의 수준에 따라 위계적 구조를 가진다고 하였다.[7]

매슬로우는 인간은 고통을 회피하고 긴장을 이완시키려는 행동의 동기가 있다는 정신분석학적인간 이해를 부적합하다고 지적하면서, 인간 행동의 동기는 보다 고차원적이고 다층적이라고 제시하였다. 이후 연구를 통해 인간 행동의 원인이 되는 욕구가 어떻게 동기화되는지 분석하였다. 무엇인가 부족한 상태를 느끼게 하는 욕구는 특정한 것을 추구하는

---

7 Abraham Maslow, 『존재의 심리학』, 정태연·노현정 역(서울: 문예출판사, 2005), 7-12.

동기를 부여하며, 욕구가 강렬할수록 특정 행동을 하려는 강도가 강하게 된다. 인간은 공통적인 기본 욕구가 있는데 본능적인 생물학적 동기에서부터 심리적 동기까지 7단계 욕구의 계층을 제시하였다.[8]

욕구계층에는 1차적인 욕구인 생리적 욕구(physiological needs)가 있으며 안전의 욕구(safety needs), 애정과 소속의 욕구(love and belongingness needs), 자기존중의 욕구(self-esteem needs), 그리고 자아실현(self-actualization)의 욕구가 가장 고차원적인 욕구로 제시되었다. 이러한 욕구 외에 인지적 욕구(cognitive needs)와 심미적 욕구(aesthetic needs)를 추가하여 7개의 욕구로 정리하였는데, 후에 이 7단계 욕구 외에 자기초월(transcendence needs)의 욕구를 더하기도 하였다. 이 이론은 하위 단계인 필수적인 선천적 욕구에서 개인의 사회적 발달을 통해 이루어지는 다양한 욕구까지 욕구의 위계가 있다는 것이 핵심적인 주장이라 할 수 있다.[9]

매슬로우는 인간의 욕구를 피라미드 형태로 제시하면서, 보다 근원적이고 강력한 욕구를 하위에 두고 이를 단계적으로 설명하였다. 인간은 내면의 욕구에 대한 충족 여부에 따라 행복을 추구하며, 하위욕구가 충족되면 점차 상위 욕구를 추구하게 된다. 이러한 욕구는 결핍 동기와 성장 동기로 나눠진다.

결핍 동기는 생리적 욕구와 안전의 욕구, 애정과 소속의 욕구, 자기존중의 욕구 등에서 나타나며 하위 욕구가 결핍될 때 우선적으로 이를 충족시키기 위해 행동하게 된다. 예를 들어 자기존중의 욕구가 결핍될 경우 열등감이나 무력감이 생길 수 있지만, 반대로 충족되면 자신감과 자

---

8   임경수, 『심리학과 신학에서 본 인간이해』(서울: 학지사, 2009), 152.
9   정원식, 『인간의 성격』(파주: 교육과학사, 2003), 392.

존감을 형성하게 된다.

반면 자아실현의 욕구는 결핍을 채우기 위한 동기가 아니라, 자신의 내면에 잠재된 가능성을 실현하려는 성장 동기로 움직인다. 이는 단순히 결핍을 충족하려는 것이 아니라 존재론적으로 자신의 가능성을 성취함으로써 깊은 만족감을 느끼고자 하는 욕구를 의미한다.[10]

매슬로우는 초기에 하위의 욕구가 충족되어야만 다음 단계의 욕구가 발현된다고 주장하였지만, 욕구가 반드시 위계적으로 작동되는 것은 아니라는 비판에 의해 후기에는 하위의 욕구가 불충분하여도 다음 단계 욕구가 발현될 수 있다고 수정하였다.[11]

생리적 욕구는 신체를 일정한 상태로 유지하기 위한 본능적인 욕구로 음식, 물, 공기, 수면 등을 필요로 하는 실제적인 욕구이다. 생존을 위한 욕구이기에 가장 강력한 힘을 가지고 있으며 우선적으로 충족되어야 한다. 안전의 욕구는 신체적, 경제적, 심리적 안전을 추구하는 욕구로 안전과 안정, 의존과 보호, 두려움과 혼돈에서 해방, 구조나 질서를 추구하려는 욕구 등이 포함된다.[12]

사랑과 소속의 욕구는 사회적 욕구로도 불리는데 생리적 욕구와 안전의 욕구가 어느 정도 충족되면 발생하는 욕구이다. 인간은 타인과의 관계에서 사랑과 우정, 소속감 등을 추구하는데 성장과정에서 가족, 친구, 공동체 등에서 이러한 욕구가 충족된다. 성장과정에서 가정 내에서 이러한 욕구가 충족되지 못하면 원만한 인간관계를 맺지 못하게 되는 경우가

---

10   권석만, 「심리학의 관점에서 본 욕망과 행복의 관계」, 『철학사상』 36(2010); 130-135.

11   Lambert Deckers, Motivation: Biological, Psychological, and Environmental, (New York: Routledge Press, 2018).

12   Abraham H. Maslow, 『동기와 성격』, 오혜경 역, (파주: 21세기북스, 2009), 84-91.

많으며 지속적으로 이러한 욕구가 결핍되면 외로움이나 소외, 불안정 등으로 인한 고통에 지배받아 냉소적이거나 고립되는 경우가 생긴다.[13]

자아존중의 욕구는 타인으로부터 자신에 대한 존중 또는 인정을 유지하고 싶은 욕구로 자존감과 자신감, 유용함 등을 느끼고 싶은 욕구이다. 이러한 욕구가 결핍되면 열등감이나 무력감, 신경증 등이 나타난다.[14] 건강한 자존감은 타인으로부터 정당하게 받는 인정과 존중에 기초하고 있기에 자신의 역량을 넘어서는 타인의 인정으로 자존감이 형성되는 것은 위험할 수 있다.

자아실현의 욕구는 개인의 잠재력을 최대한 발휘하여 자신이 될 수 있는 최상의 존재가 되려는 욕구로서 자기 창조, 도덕적 성장, 진리추구, 자기 초월의 활동 등으로 나타난다. 최고의 수준에 이르고 싶은 욕구란 최상위의 특별한 수준에 도달하려는 것이 아니라 자신만의 고유함에 근접하고 싶은 것으로 자신의 능력을 최대치로 활용하는 성숙함과 완전함을 가지게 되는 것을 의미한다. 이러한 사람은 폭넓은 관점으로 보편적인 주제를 고려하면서 관계성을 깊게 가진다.[15]

매슬로우는 자아실현을 위해 자신의 고유한 재능과 가능성을 인식하는 고유성과 창조적 사고, 문제해결능력을 통해 자기를 표현하는 창조성, 외부의 기대나 규칙보다 내적 동기에 따라 행동하는 자발성, 진선미(眞善美)를 추구하며 삶의 깊이를 발견하고자 하는 진리탐구, 개인의 욕망을 넘어 공동체나 인류에 기여하고자 하는 차기초월 등의 요건이 필요하다

---

13 임경수, 『심리학과 신학에서 본 인간이해』, 156-158.

14 Abraham H. Maslow, 『동기와 성격』, 94-95.

15 Charles S. Carver, Michael F. Scheier, 『성격심리학: 성격에 관한 관점』, 김교현 역(서울: 학지사, 2015), 448-450.

고 하였다.[16]

자아실현은 단순히 하위욕구가 충족된다고 자동으로 이루어지는 것이 아니다. 자아실현을 위해서는 지속적으로 하위 욕구가 충족되는 안정된 환경이 조성되어야 하며, 자신의 강점과 약점을 수용하고, 한계를 극복하려는 부단한 노력이 뒷받침되어야 한다.

이러한 자아실현의 욕구는 인간이 선천적으로 가지고 있는 잠재적 경향을 실현하려는 것으로, 이는 개인을 구속하는 문화적 관습이나 외부적인 여건으로부터 자유롭게 되는 과정을 포함한다. 사회적으로 주어진 의무를 다하고도 자아실현을 구속하는 것이 있다면, 이에 얽매이는 것을 극복하고 자유롭게 자아실현을 추구해야 한다. 따라서 자아실현은 자발적으로 끊임없이 자신의 잠재력을 실현하고자 노력하며 성장해 나가는 특징을 가진다. 이는 자기개발과 지속적인 성장으로 자신의 가능성을 완성하고자 하는 인간의 고유한 노력의 결과라 할 수 있다. [17]

매슬로우의 자아실현은 인간을 선천적으로 주어진 잠재력을 최대한 발휘하여 사회적으로 기여하고자 하는 내적 동기를 가진 존재로 보고 긍정적 가능성과 삶의 궁극적 목적을 강조한 것에서 의미를 가진다. 그러나 서구적 관점에서 인간을 분리된 개인으로 보고 공동체와의 연계성을 간과하였다는 비판을 받았다.

2) 캐롤 길리건(Carol Gilligan)의 여성의 자아실현

---

16   Abraham H. Maslow, 『인간의 욕구를 경영하라』, 왕수민 역 (서울: 리더스북, 2011), 45-47.
17   임경수, 『심리학과 신학에서 본 인간이해』, 160.

매슬로우의 자아실현 이론은 남성과 여성을 구분하지 않고 인간의 보편적인 자아실현을 다루었다. 그러나 현실적으로 남성과 여성은 공동체 내에서 맡게 되는 역할의 차이로 인해 자아실현의 과정에서도 다른 경험을 겪을 수밖에 없다.

이와 관련하여 길리건(Carol Gilligan)은 여성의 도덕적 발달과 자아실현 과정을 분석하면서, 기존 심리학 이론이 남성 중심적으로 구성되어 있다고 비판하였다. 그녀는 남성과 여성의 자아실현 과정이 동일한 잣대로 평가할 수 없으며, 성별에 따른 특성과 경험의 차이를 반영해 이해해야 한다고 주장하였다.

특히 길리건은 콜버그(Lawrence Kohlberg)의 도덕발달단계 이론에 대해 비판하였다. 콜버그는 정의 중심의 도덕적 사고를 기준으로 여성들이 3단계 대인관계적 조화나 4단계 사회질서 유지에 머물러, 6단계까지 발달하는 남성에 비해 낮은 도덕적 발달 수준을 보인다고 해석하였다. 길리건은 이러한 해석에 대해 여성들이 대부분 자신들이 속한 사회나 집단의 질서와 가치를 수용하는 경향이 있기 때문이라고 지적하면서, 이를 남성보다 도덕적으로 열등하다고 보는 것은 오류라고 비판하였다. 여성들은 가상적인 딜레마 상황에서 권리의 충돌을 추상적으로 분석하기 보다는, 시간의 흐름이 개입된 구체적인 이야기로 재구성하여 문제를 바라보았다. 또한 도덕적 문제를 권리의 문제로 정의하기 보다는 책임의 문제로 이해하는 경향을 보였다.[18]

길리건은 대상관계이론에 기반하여, 소년들은 청소년기에 어머니로부

---

18   Lawrence Kohlberg, 『도덕발달의 심리학』 김민남·진미숙 역(파주: 교육과학사, 2001), 593-620.

터 분리되면서 분리된 자아와 자율적 자아를 발달시키는 반면, 소녀들은 청소년기에 어머니로부터 분리되지 않아 관계를 우선시하는 관계적 자아와 돌봄의 자라를 형성하게 된다고 하였다.[19] 즉 콜버그가 분리된 자아를 도덕관의 기준으로 삼았기 때문에 여성들은 남성들에 비해 도덕성이 덜 발달되는 것처럼 평가되었던 것이다. 여성의 돌봄의 자아는 외면당하거나 평가절하되었다.

길리건은 여성의 자아실현을 관계적 관점에서 이해했다. 여성은 타인과의 관계와 상호의존성을 기반으로 자신을 정의하는 경향이 있기에 자아실현의 과정에서도 타인의 감정과 요구, 상황을 고려하여 개인적인 성장과 타인의 관계 유지 사이에서 균형을 추구한다. 여성은 자연스럽게 타인을 위하는 배려와 타인의 요구에 대한 책임의 윤리를 가지게 된다. 따라서 여성은 자신과 타인의 요구 사이에서 일어나는 갈등을 조화롭게 통합하고 해결하는 과정을 거친다.[20]

이러한 도덕성의 단계는 이기적 단계와 책임의 단계, 균형의 단계로 구분할 수 있다. 여성들은 생존을 위해 이기적 단계에서 자기 자신의 이익을 고려하여 판단하지만, 곧 이를 반성하면서 다른 사람들에 대한 책임을 받아들이는 선의 관점을 취한다. 이러한 책임의 단계에서는 무조건적 돌봄과 순응을 행동원리로 삼고 자기희생을 도덕적 이상으로 간주하면서 배려와 돌봄의 윤리가 강화된다. 그러나 자기희생에 기반한 돌봄은

---

19 Carol Gilligan, Moral Oreientation and Moral Development(1987), Jastice and Care: Essential Readings in Feminist Ethics, ed. Verginia Held, (New York: Routledge, 1995) 40-41.

20 Carol Gilligan, In a Differnt Voice: Psychological Theory and Women's Development (Cambridge: Harvard University Press, 1982); 64-72.

자아실현을 방해하여 균형이 깨어진다. 여성은 이기적 단계와 책임의 단계를 지나 균형의 단계에서 자신도 돌봄의 대상이 되어야 한다는 것을 깨닫고 자신을 보살피는 이기심과 다른 사람을 보살피는 책임감 사이의 갈등을 해소하게 된다. 이렇게 자아와 타인의 요구를 조화롭게 조정하면서 관계와 자율성을 동시에 유지하고자 하는 균형이 이루어지며 돌봄의 원리는 보편적인 도덕원리가 된다.[21]

길리건은 이렇게 돌봄의 관점으로 여성의 경험과 인식을 보는 것이 남성 중심의 관점에서 여성의 관점을 더하여 양성 간의 관계를 보다 더 깊이 이해할 수 있도록 한다고 하였다. 이는 인간의 삶에 대한 더욱 풍부하고 생산적인 관점을 제공하는 것이다.[22] 또한 기존의 정의 중심의 관점에 돌봄의 관점을 추가함으로써 조화로운 도덕성을 지향하는 새로운 관점을 제시하였다.

그러나 길리건의 이러한 관점은 여성주의자들 사이에서도 논란을 불러일으켰다. 일부는 길리건이 여성적 가치를 부각시키고 여성의 도덕적 우월성을 입증하였다고 긍정적으로 평가한 반면, 돌봄을 강조하는 관점이 오히려 여성의 종속을 강화할 수 있다는 비판도 제기되었다. 특히 전통적으로 여성들에게 강요되어 온 돌봄과 관계의 영역을 여성의 가치로 강조하는 것은 남성과 여성 간의 이분법적 이해를 고착화시키고, 이로 인한 여성의 억압적 상황을 영속시킬 위험이 있다는 우려가 제기되었다. 나아가 "정의와 돌봄을 남성과 여성으로 일반화하는 것이 타당한가?",

---

21 Carol Gilligan, In a Differnt Voice: Psychological Theory and Women's Development, 73-105.

22 Carol Gilligan, In a Differnt Voice: Psychological Theory and Women's Development, 174.

"정의와 돌봄이 분리될 수 있는가?", "돌봄의 강조는 여성의 억압을 영속시키는 결과를 가져오지 않는가?" 등등의 비판이 더해졌다. 이에 대해 길리건은 자신이 지적한 것은 남성중심적 학문의 기준이 보편적 진리로 통용되는 문제이지 돌봄을 여성의 윤리로 고착화하려던 의도가 아니라고 응답하며 이러한 비판에 대한 입장을 밝혔다.[23]

길러건은 초도로우(Nancy Chodorow)의 영향을 받아 발달 초기의 사회적 환경이 자아발달에 중요한 영향을 미친다고 보았다. 여성은 책임과 돌봄을 기준으로 자아실현의 정도를 측정하며 인간관계의 맥락 속에서 규정된다. 따라서 여성은 남성과 달리 독립과 친밀한 관계를 동시에 경험하며, 이러한 특성이 자아형성에 중요한 역할을 한다. 남성은 스스로의 힘을 가지는 독립을 강조하며 독립성으로 자아를 규정짓는 경향이 있는 반면, 여성은 공동체를 유지하고 형성해가는 지속적인 친밀한 관계를 더 중요시한다는 것이다.[24]

이러한 차이는 여성과 남성이 자아를 바라보는 방식과 자아실현의 과정에서 나타나는 특성으로 나타난다. 여성은 자아실현을 추구하는 과정에서 관계를 유지하기 위해 자신을 희생해야 한다는 압박을 느낄 수 있다. 특히 육아와 가사 등의 전통적인 가정내 돌봄과 관계 중심의 역할에 의해 자아실현의 범위가 제한될 가능성이 크다. 이러한 제약은 사회적 환경이 여성의 경력개발과 성취를 위한 기회를 단절시키는 경우 더욱 심화된다. 여성은 가정내 역할과 사회적 자아실현 중 하나를 선택해야 하

23　조수영, 「캐롤 길리건(Carol Gilligan): 도덕윤리로서의 보살핌」, 『여성이론』 21(2009); 78-79.

24　Carol Gilligan, In a Differnt Voice: Psychological Theory and Women's Development,

는 상황에 놓일 수 있다. 이는 여성의 잠재력을 충분히 실현하는 자아실현의 장애가 될 뿐만 아니라 사회적 갈등과 위기를 가져올 수 있다.

4. 통일사상의 본성론으로 본 여성의 자아실현

1) 자아실현에 관한 이론에 대한 견해

통일사상의 본성론은 창조본연의 인간이 하늘부모님을 닮아 신상적 존재이자 신성적 존재, 격위적 존재로 창조되었다고 설명한다. 이에 따르면 인간은 개성진리체로서 하늘부모님을 닮은 참자녀로서 인격을 완성하고 부부가 되어 참가정을 이루며 창조적 활동을 통해 참된 주관자가 되는 자아실현을 해야 한다. 이러한 자아실현은 심정을 중심으로 공동체를 위하는 사랑의 질서 속에서 가정과 사회, 공동체를 위한 창조성을 발현하여 이루어진다. 또한 주체와 대상의 조화로운 관계 속에서 위하는 삶의 자아실현을 할 수 있다.

이러한 관점에서 매슬로우의 자아실현을 보면 그 내용과 지향점에서 차이를 알 수 있다. 매슬로우는 자아실현을 인간의 욕구 중 가장 최상위 단계로 제시하면서 개인이 잠재력을 발휘하면서 본연의 가치를 실현하는 상태로 설명한다. 이러한 자아실현은 자신의 내적 동기에 기반하여 진정한 자아를 발견하는 것이어서 개인의 내면적 성장과 완성에 초점을 맞춘 개인중심적인 성격을 가진다.

통일사상의 본성론은 모든 인간을 주체와 대상의 관계 속에 있는 격위적 존재로 보기 때문에 자아실현 또한 개인의 능력을 실현하는 것을 넘어 관계적 차원에서 이루어지는 것으로 본다. 자녀로 태어나 성장하는 동안 부모의 사랑을 받는 대상으로 자라나며, 스승을 통해 학습을 하면서 내적으로 성장한다. 또한 형제와 친구 등의 또래관계를 통해 사랑을 주고 받는 질서를 배우며 자아를 발달시킨다. 부부가 되어 참가정을 이루고 부모가 되어 자녀를 양육하고 직장이나 사회의 일원이 되어 사회에서 창조성을 발휘하면서 공동체를 위한 창조적 사랑과 책임을 바탕으로 자아를 실현하게 된다. 하늘부모님을 닮은 존재로서 자아실현을 하게 되는 것이다.

매슬로우는 욕구를 중심으로 구체적인 인간의 성장을 설명하고 자아실현을 인간 본연의 가치를 실현하는 것으로 설명하여 인간의 자아실현에 대해 구체적이고 단계적으로 이해할 수 있는데 기여하였지만 개인의 독립적인 자율성에 머물러 공동체적이고 관계적인 자아실현의 통전적 과정을 설명하지 못한 한계가 있다.

이에 비해 통일사상 본성론은 가장 근원적인 욕구로 사랑하고자 하는 심정을 주목하여, 심정의 성장으로 자아실현을 설명할 수 있는 틀을 갖추고 있다. 부모와 형제, 스승 등으로부터 사랑을 받으면서 성장하는 인간은 사랑을 주고 싶은 심정을 가지게 되며 가족과 공동체, 사회 등을 사랑하는 자아를 실현하고자 노력한다. 이처럼 자아실현을 개인적 성취를 넘어 타인과의 관계 안에서 이루어지는 인간 본연의 가치를 실현하는 것으로 이해함으로써 심정에 기반한 참사랑의 실현이라는 통전적 과정으로 제시한다.

반면 길리건은 여성의 자아실현이 관계를 중심으로 배려와 책임의 윤리를 기반으로 이루어진다고 보았다. 통일사상 본성론의 관점에서 볼 때 이러한 길리건의 관점은 인간의 본성을 사랑과 조화의 관계적인 것으로 보고 여성이 타인의 요구와 상황을 돌보면서 배려를 통해 자신의 자아를 실현한다고 분석한 것은 의미를 가진다. 관계적인 인간의 본성과 타인을 위하여 살아야 하는 자아실현의 방향을 구체적으로 설명하였던 것이다.

또한 길리건의 배려와 책임의 윤리는 심정을 기반으로 하는 사랑의 실천을 보다 구체적으로 설명해줄 수 있는 가능성을 함의하고 있다. 인간은 심정적인 존재이며 사랑과 심정을 완성해가는 것이 자아실현의 핵심이지만 그 과정에 대한 구체적인 설명은 통일사상에서 설명되지 않고 있다. 길리건은 자신과 타인의 요구를 조화시키면서 이기적 단계에서 책임의 단계로, 책임의 단계에서 균형의 단계로 설명하면서 자아가 실현되는 과정을 설명하고 있다.

이러한 과정은 문선명·한학자 선생의 타아주의(他我主義)를 설명하는 또 다른 틀이 될 수도 있다.[25] 타아주의는 이기주의와 위타주의를 넘어 '나를 중심한 전체가 되는 주의'로 먼저 타인을 위하는 내가 되어 타인을 나와 같은 위치까지 성장하도록 위하여 준 뒤 수평의 단계에서 수수작용을 하면서 같이 사는 주의이다.[26] 타아주의의 과정에 대한 구체적인

---

[25] "타아주의로 되어야 돼요. 옛날에는 개인주의 위타주의라고 했지요? 이제는 자아주의 타아주의예요. 지금까지는 개인주의라고 하고 위타주의라고 했지요? 다른 사람을 위하는 것인데, 아니에요. 자아주의 타아주의! 둘 다 하나 만들어야 된다구요. 그런 시대로 넘어가는 거예요. 개인주의는 천사장 주의예요. 이제는 하나님주의로 '나'나 '공적인 나'나 마찬가지예요. 그렇기 때문에 위타주의가 아니라 타아주의예요. 나 중심삼은 전체가 돼야 된다 이거예요. 그것이 달라지는 거예요" 문선명선생말씀편찬위원회, 〖문선명선생말씀선집〗 407권 (서울: 성화출판사, 2002), 142-144. 타아주의에 대한 논문은 오택용, 「타아주의(他我主義)로 본 문선명 선생의 평화사상과 그 실천」, 『평화와 종교』 2(2016), 131-149을 참고하기 바란다.

[26] 오택용, 133.

분석이 부족한 상황에서 길리건의 균형의 단계는 많은 시사점을 준다.

그러나 길리건의 자아실현에 대한 관점은 여성에 한정되어 논의된 한계가 있다. 통일사상 본성론의 관점에서 볼 때 길리건의 관계적 자아와 돌봄의 윤리는 여성에 한정되는 것이 아니라 모든 인간의 본성과 윤리로 확장될 수 있다. 남성과 여성 모두 하늘부모님의 자녀라는 정체성 속에 태어나 부모와 형제, 스승과 친우 등과 끊임없는 수수작용 속에 성장하는 관계적 존재들이며 이 과정에서 사랑과 심정을 완성해가는 배려와 돌봄을 실천하기 때문이다. 나아가 인간의 본성적 자아실현을 가로막는 사회적 장애는 남녀가 함께 노력할 때 극복될 수 있을 것이다.

2) 여성의 자아실현에 대한 견해

통일사상의 본성론은 하늘부모님을 닮은 창조본연의 인간을 설명하고 있으므로 자아실현은 물론 여성의 자아실현에 대한 설명은 제시되지 않고 있다. 다만 본 연구에서는 2장에서 본성론의 자아 이해에 기초하여 자아실현을 정리해 보았다. 이를 바탕으로 매슬로우와 길리건의 자아실현의 논점을 중심으로 통일사상 본성론의 관점에서 여성의 자아실현을 어떻게 볼 것인가를 제시해보고자 한다.

첫째, 여성의 자아실현은 남성의 자아실현과 차이를 가지지 않으며 통일사상의 본성론에서 강조하는 인간의 창조적 가치 실현의 관점에서 이해될 수 있다. 특히 인간이 경제활동을 통해 자신의 재능과 역량을 발휘하는 것은 인간의 본질적 특성인 '창조성을 통해 기쁨을 창출하는 존재'라는 통일사상의 인간 이해로 설명할 수 있다.

매슬로우의 관점에서 볼 때 인간의 경제활동은 생존을 위한 활동인 동시에 애정과 소속을 위한 활동이며, 자기존중과 자아실현을 위한 활동일 수 있다. 여성의 경제활동 역시 단순한 경제적 필요를 넘어서 소속을 위한 활동이자 자기 존중과 자아실현을 위한 활동일 것이다. 나아가 통일사상의 본성론은 여성의 경제활동을 통해 물질적 성취를 넘어 하늘부모님을 닮은 창조성을 발휘하여 기쁨을 창조하는 인간 본성의 본질적 실천으로 평가할 수 있다.

둘째, 여성의 자아실현은 개인의 자아실현과 공동체적 조화 사이의 균형을 가질 수 있도록 추구되어야 한다. 여성의 경제활동으로 혼인율, 출산율 등이 감소하고 있으나 이는 여성의 자아실현을 억제해야 할 명분이 될 수 없다. 통일사상 본성론의 관점에서 볼 때 여성의 자아실현은 개인적인 능력의 창조적 발현으로만 국한되는 것이 아니라 가정에서 부부와 부모로서의 삶을 통해 사랑과 심정을 성장시켜야 하며 사회의 일원으로 기여할 수 있는 경제활동을 통한 성취를 해나가야 한다. 동시에 남성의 자아실현 역시 가정에서 부부와 부모로서 자아를 성장시키는 과정이 요청되며 사회적 경제활동도 필요하다.

여성과 남성은 모두 경제활동과 가정의 역할을 자아실현이라는 측면에서 통합적으로 고려하여야 하며 일과 가정의 조화로운 균형 속에서 자아실현이 추구되어야 한다. 이런 맥락에서 볼 때 현대 사회에서 여성의 경제활동을 통한 자아실현이 활성화되는 만큼 남성의 가정의 역할 강화를 통한 자아실현 또한 활성화되어야 한다. 가정에서 부부와 부모, 자녀, 형제 등과 사랑을 주고받으면서 본연의 사랑과 심정을 완성해가는 자아실현이 남성에게도 요청되고 있는 것이다.

셋째, 여성의 자아실현은 단순히 개인의 문제가 아니라 가정과 사회가 연결된 공동체의 문제이기도 하다. 통일사상 본성론은 여성의 자아실현이 남성의 자아실현과 연결된 문제이며 여성의 부모와 스승, 자녀와 후배 등에게도 영향을 미치는 문제임을 알려준다. 길리건 역시 여성의 정체성과 자아실현을 개인적 차원으로 국한하여 이해하는 것은 한계가 있다고 지적하였다. 여성의 자아실현은 공동체의 문제이자 사회적 제도와 문화 속에서 해결해야만 하는 과제이다. 따라서 사회적 공동체는 여성의 자아실현을 가로막는 여러 제도와 문화를 해결하기 위해 노력해야 한다.

5. 여성의 자아실현을 위한 공동체의 책임

본 연구는 저출산문제를 해결할 수 있는 근본적인 가치관을 정립하기 위해 통일사상 본성론에 기초한 자아실현의 의미를 살펴보고, 매슬로우의 자아실현과 길리건의 여성의 자아실현 등을 정리하였다. 이를 통해 통일사상 본성론으로 이러한 이론들을 분석하고 여성의 자아실현이 함의하는 의미를 제시하였다. 연구결과를 요약적으로 정리하면 다음과 같다. 첫째, 여성의 자아실현은 남성과 동등하게 인간의 창조적 가치 실현이라는 의미를 가진다. 둘째, 여성의 자아실현은 일과 가정 모두에서 추구될 수 있으며 남성 또한 일과 가정에서 자아실현이 추구되어야 균형을 맞출 수 있다. 셋째, 여성의 자아실현을 가로막는 사회제도적 문제는 여성 개인의 문제가 아니라 공동체가 함께 해결해야 할 문제이다.

여성의 자아실현을 위한 일과 가정의 양립은 가족과 사랑을 돌보려는 욕구와 경제적 안정과 자아실현을 하고자 하는 욕구가 조화를 이루는 것으로, 일과 가정의 양립을 통해 사랑과 본연의 가치를 실현할 수 있다. 이러한 자아실현은 앞에서 제시한 바와 같이 남성에게도 적용된다. 따라서 여성의 자아실현을 위한 일과 가정의 양립은 가정내 남성과 여성 관계의 재정립, 즉 남성의 일과 가정 양립을 통해서 균형을 맞출 수 있다.

통일사상 본성론은 남성과 여성이 부부가 되어 하나가 되면 주체와 대상이 역할을 서로 교환하면서 사랑의 구형운동을 하게 된다고 설명하고 있다. 즉 주체와 대상이 고정적으로 설정되지 않으며 상호 교환적으로 조화를 이루게 된다는 것이다. 따라서 일과 가정의 부담을 여성만이 책임지는 구조는 주체와 대상의 관계를 고정적이면서 불균형의 관계로 한정할 수 있다. 남성과 여성이 일과 가정의 책임을 함께 분담하여 사랑과 조화를 이룰 수 있도록 노력하는 실천이 요청된다. 나아가 이를 지원하는 사회적 지원 체계가 구축되어야 하며 일 가정 양립에 대한 인식의 개선을 위한 교육이 이루어져야 할 것이다.

통일사상의 본성론은 여성의 자아실현을 인간 본성의 창조적 실현이라는 관점에서 남성의 자아실현과 동등하게 인정하며 일을 통한 창조적 자아실현과 가정을 통한 사랑의 자아실현이 모두 요청됨을 강조한다. 여성의 자아실현은 남성과 함께 일과 가정의 양립을 할 때 이루어질 수 있으며 개인적 차원을 넘어 사회제도적 지원이 요청된다.

VII

평화와 여성리더십

1. 여성지도자와 평화

1992년 8월 26일 한학자 총재는 세계평화여성연합(WFWP, 이하 여성연합) 세계대회 기조강연에서 "지금까지의 역사에 있어서는 남성의 역할이 강조되었습니다. 남성 중심의 세계였고 사회체제였습니다. 그러나 불행히도 남성들이 주도해 온 세계의 실상은 한마디로 투쟁과 죄악의 역사라고 결론짓지 않을 수 없습니다."라고 평가하면서 "그러나 지금의 시대는 다릅니다. 오늘의 역사는 평화·화해·자비·사랑·봉사·희생을 요구하고 있습니다. 남성적인 힘의 논리 만으로는 현실문제를 해결할 수 없는 시대입니다. 더 이상 인류를 억압하는 이데올로기는 필요없는 것입니다. 보다 여성적인 사랑의 논리로 현실문제를 해결하고 역사의 방향을 바로잡아야 할 때입니다. 21세기를 불과 10년을 앞두고 폭력혁명과 계급투쟁을 내세워 인류를 무참히 짓밟았던 공산주의가 그 결말을 고하고 있는 것도, 더이상 전쟁을 허용해서는 안된다는 세계 언론의 한결같은 목소리도 새로운 여성시대의 개막을 알리는 징표이며, 여성해방의 시대, 세계여성시대 도래를 선초하는 세계사적 전환의 신호탄입니다."라고 하였다. 한학자 총재는 이렇게 여성해방의 시대를 선포하면서 여성이 평화로운 새시대를 여는 지도자가 되어야 한다고 강조한 후 평화의 새 시대를 여는 세계적인 지도자로서 활동해왔다.

문선명 총재 또한 1992년 4월 10일 여성연합 창설대회 특별강연에서 "이제 메시아로 오시는 참부모 앞에 지금까지 남성들이 주도했던 전쟁과 폭력, 억압과 착취, 그리고 범죄의 세계를 종결짓고 평화와 사랑, 그리고 자유가 넘치는 이상세계를 실현할 참된 일꾼들이 바로 이 시대의 여성들인 것입니다. 지금까지 정의와 선을 치고 반대하며 핍박하던 남성 중심의 악한 세계들이 더 이상 날뛰지 못하도록 해야 할 일도 여성들의 과업입니다."라고 연설하면서 여성들이 남성 중심의 악한 세계를 종결짓고 새로운 평화의 시대를 열어야 할 책임이 있음을 명확하게 밝히고 여성시대를 선포하였다.

이후 30여 년이 지난 시간 동안 여성의 지위는 높아졌으나 평화의 새로운 시대는 쉽게 도래하지 않고 있다. 사실 여성의 지위가 상승하고 여성 지도자들의 역할이 증대되면 자연스럽게 평화로운 시대가 올 것이라는 기대는 일반화하기 어려운 것이었다. 영국 최초의 여성 총리였던 대처(Margaret Thatcher)는 1982년 아르헨티나가 자국과 가까운 포클랜드섬을 수복하기 위해 전쟁을 일으켰을 때 대처는 영국령이었던 포클랜드섬을 지키기 위해 강경한 군사적 대응을 주도하여 영국의 승리를 이끌었다. 그녀는 '철의 여인(Iron Lady)'라는 별명을 얻었으며 가장 강한 보수적 리더십을 유지했다.

인도의 여성 총리 간디(INdira Gandi) 역시 1971년 파키스탄과의 전쟁을 주도하면서 방글라데시의 독립을 지원하는 군사작전을 실행했으며 이스라엘 최초의 여성 총리였던 메이어(Golda Meir) 또한 1973년 욤 키푸르 전쟁에서 강경한 군사적 대응으로 이스라엘 안보를 강화하였다. 이들의 군사적 결정은 성공적인 결과를 가져왔지만 모든 여성 지도자가 전쟁을 거부하고 평화를 선택하는 것은 아니라는 것을 입증해 주었다.

1990년대 이후에도 미국에서 여성들이 외교와 국방 분야에서 주요한 역할을 맡았을 시기에도 군사적 개입은 계속되었다. 올브라이트(Madeleine Albright) 국무장관은 클린턴 정부 시절 코소보 공습을 지지하면서 강력한 군사적 개입을 주장하였고 라이스(Condoleezza Rice) 국무장관 역시 부시 행정부에서 이라크 전쟁을 적극적으로 지지하며 군사적 개입을 옹호하였다.

여성이 주도하는 사회가 되어도 갈등과 폭력이 지속적으로 발생하는 경우도 많다. 1994년 르완다 대학살 이후, 르완다는 여성들의 정치적 참여를 대폭 확대하여 세계에서 여성 국회의원 비율이 가장 높은 국가가 되었으나 정치적인 억압이나 인권 문제는 여전히 심각한 수준이다. 또한 민주주의와 평화의 상징으로 여겨졌던 수치(Aung San Suu Kyi)는 미얀마의 지도자로 집권한 이후 로힝야족에 대한 탄압과 학살을 방관하거나 묵인했다는 비판을 받았다. 여성이 정치에 참여한다고 해서 반드시 평화를 실현하지는 않는다는 것을 알 수 있다.

이와 같이 여성 지도자의 역할이 증대된다고 해서 평화로운 시대가 실현되는 것은 아니다. 그렇다면 평화를 위한 여성리더십이란 무엇인가? 이를 논의하기 위해 이 장에서는 여성이 본질적으로 평화적인가에 대한 논의를 검토하고, 역사 속 여성 리더십의 사례를 통해 현대 사회에서 요구되는 여성 리더십의 방향성을 탐구하고자 한다. 특히, 여성 리더십이 전통적인 성 역할 고정관념을 넘어서는 방식으로 어떻게 발전할 수 있는지를 살펴볼 것이다. 단순한 성별 구분을 넘어, 보다 포괄적이고 실질적인 평화 리더십의 모델을 모색하여 여성과 남성이 함께 협력하여 추구해야 할 정의롭고 지속 가능한 평화의 리더십을 탐구해보고자 한다.

2. 참부모신학의 여성 이해

참부모신학은 남성과 여성의 관계를 조화와 상호 의존의 관점에서 바라본다. 창조원리는 하늘부모님을 닮아 인간은 남성과 여성으로 창조되었으며, 참사랑으로 서로 하나될 때 하늘부모님을 온전히 닮을 수 있다고 설명한다. 남성과 여성은 서로를 완성시키는 동반자이며 하늘부모님과 심정적 관계를 통해 사랑을 완성하는 삶을 살도록 창조되었다. 남성과 여성은 하늘부모님을 닮은 존재로 완성하기 위해 서로가 꼭 필요한 존재로 창조된 것이다.

창세기 1장 27절의 "하나님이 자기 형상 곧 하나님의 형상대로 사람을 창조하시되 남자와 여자를 창조하시고"라는 구절은 남성과 여성이 하늘부모님을 닮은 독립적인 존재임과 동시에, 서로 보완적 관계를 이루는 동반자임을 강조한다.

창조원리는 남성과 여성이 각기 고유한 특성과 역할을 가지고 있으며, 이들이 협력하고 조화를 이룰 때 하늘부모님의 완전한 형상이 드러난다고 본다. 남성과 여성은 다양한 속성과 역량을 지니며, 이는 사회적·문화적 맥락과 개인적 경험에 따라 다르게 나타날 수 있다. 이러한 상호보완성과 개별적 특성은 조화를 이루어 보다 온전한 인간과 사회를 형성하는데 기여할 수 있다.

여성은 생명을 잉태하고 출산하는 존재로 창조의 신비에 직접적으로 참여하며, 이 과정에서 육체적 차원을 넘어 영적인 차원에서 하늘부모님의 심정을 체휼하는 경험을 하게 된다. 하늘부모님은 여성을 통해 사랑과 생명의 가치를 전하고, 가족과 공동체의 중심에서 심정을 공유하도록 하신 것이다.

여성은 자녀를 출산하고 돌보며 양육하면서 자신의 생명을 넘어서 자녀에게 사랑으로 투입하는 경험을 하게 된다. 이 과정에서 여성은 사랑으로 관계를 형성하고 자신을 투입하는 역량이 강화되어 심정의 무한한 팽창을 경험할 수 있다. 이러한 경험과 역량은 가정의 역할에 국한되지 않고, 공동체와 사회, 더 나아가 세계적인 차원에서 갈등을 해소하고 화합을 이루는데 중요한 자원이 될 수 있다. 여성이 가지는 관계 중심적인 특성과 하늘부모님을 닮은 심정은 인류공동체의 조화로운 발전을 이끄는 원동력으로 작동될 수 있다.

이러한 여성의 특성은 남성과 조화와 협력을 통해 공동체에 긍정적인 방향으로 기여할 수 있다. 참부모신학은 남성과 여성이 각자의 고유한 특성을 가진 개성진리체인 동시에 서로를 통해 완전한 존재로 나아갈 수 있도록 창조된 연체임을 주목한다. 남성과 여성이 서로 조화를 이루며 협력해야 공동체의 발전을 이룰 수 있는 것이다.

이 조화는 가정에서 가장 잘 드러난다. 가정은 창조원리가 구현되는 가장 작은 단위로, 남성과 여성의 조화로운 협력을 통해 하늘부모님의 사랑이 실현되는 장이다. 남편과 아내, 부모와 자녀 간의 사랑과 조화는 가정을 통해 사회로 확산되며, 이는 결국 평화로운 공동체와 세계를 이루는 기반이 된다. 가족구성원은 각기 다른 개성을 가진 개성진리체인 동시에 가족을 이루는 연체로서 서로를 존중하고 사랑하면서 심정이 성숙된다.

여성은 가정 안에서 수동적이거나 보조적인 역할만 담당하지 않는다. 오히려 여성은 가정에서 사랑의 구심점으로 심정적 리더십을 가지며 공동체와 사회의 방향성을 제시하고, 갈등을 해결하여 조화를 이끌어내는 주체적인 역할을 수행할 수 있다. 심정적 리더십은 사랑과 공감을 바탕으로 사람들을 하나로 묶고 상호이해와 화합을 가능케 한다.

특히 여성은 갈등상황에서 대화를 주도하고, 타인의 입장을 공감하며 해결방안을 제시하는데 뛰어난 역량을 발휘한다. 이러한 특성은 가정은 물론 지역사회와 국제사회에서 평화를 구축하는 핵심적인 자산이 될 수 있다.

3. 여성리더십의 역사적 전개

여성의 심정적 리더십에 대한 이해는 참부모신학만의 관점은 아니다. 일반적으로 여성은 남성보다 평화적인 존재로 간주되곤 한다. 모성과 돌봄의 역할을 수행해 온 여성들은 전쟁과 폭력보다는 화해와 조화를 중시하는 존재로 여겨졌다. 여성의 생리적, 사회적 경험에 근거하여 여성들이 공동체의 유지와 생존을 위해 협력적이고 조정적인 역할을 해왔기에 남성보다 평화를 추구한다는 인식이 형성된 것으로 보인다.

그러나 여성이 본질적으로 평화적인 존재인가에 대한 논의는 남성과 다른 여성의 특성만으로 설명될 수 없는 복잡한 문제이다. 여성신학자들 중 일부는 이러한 주장이 성차별적인 요소를 포함하고 있다고 비판한다. 여성을 선천적으로 평화적 존재로 규정하는 것은 여성에게 특정한 사회적 역할을 강요하는 방식으로 작용할 수 있으며, 이는 여성의 정치적·사회적 역량을 제한하는 결과를 초래할 수도 있다는 것이다.

이러한 비판은 남성과 여성의 차이에 대한 이해가 오랜 역사 속에서 여성차별의 원인으로 작동해온 현실인식에 근거한다. 하늘부모님은 남성과 여성을 하늘부모님의 일성을 대표하는 존재로 동등한 가치를 가지고 창조하셨으며 상호보완적인 역할을 하도록 축복하셨지만 최초의 인간 아담과 해와는 이러한 하늘부모님의 뜻을 알지 못한 채 타락하고 말았다. 타락 이후 남성과 여성은 힘에 의한 지배와 종속의 관계가 되었으며 사랑과 평화, 심정적 리더십을 가진 여성의 특성은 남성의 특성에 비해 질적으로 열등한 것으로 치부되었다. 여성은 남성을 위한 보조자로 인식되었으며 여성의 역할도 제한되었다. 예를 들어 여성은 사랑과 평화를 추구하는 관계적 존재이므로 전쟁이나 정치와 같은 권력 구조에 관심이 없으며 이성적인 판단을 할 수 없기에 공적 영역에서 배제해야 한다는 논리를 만들어냈던 것이다. 남성과 여성의 특성을 이성/감성, 적극/소극, 주도/보조 등의 이분법적 구조로 나누고 우등/열등의 질적 가치를 부여하여 공적/사적 영역의 역할로 그 영역을 제한한 것이다.

여성들은 이러한 성차별적 인식이 만들어낸 가부장적 사회구조 속에서 오랜 시간 투쟁해 왔으며 그 결과 20세기 이후 제한적이나마 공적 역할을 하기 위해 노력하면서 여성은 남성과 동일한 조건에서 경쟁할 수 있는 존재이며 남성과 동일한 역할을 수행할 수 있다는 것을 증명하기 위해 노력해 왔다. 여성들이 역사적으로 전쟁과 갈등 속에서도 강한 리더십을 발휘하며 평화를 위한 전략적 결정을 내려왔던 여러 사례는 '여성은 평화를 추구한다'는 도식적 접근은 한계를 가질 수 밖에 없다는 반증이 되었다.

이러한 여성지도자들의 여러 사례에도 불구하고 여성의 평화적 특성을 강조하는 이론들은 여성의 생물학적 차이, 심리적 특성, 사회적 경험 등을 근거로 제시하고 있다. 일부 연구에서는 여성들이 갈등 상황에서 협상과 조정을 더 선호하며, 폭력적 대응보다는 중재와 대화를 시도하는 경향이 높다는 점을 강조한다. 또한, 생물학적 연구에 따르면 여성 호르몬이 공감과 협력의 태도를 촉진하는 역할을 한다는 주장도 제기된다. 그러나 이러한 성별 차이를 모든 남성과 여성에게 획일적으로 적용하여 모든 여성이 남성에 비해 중재와 대화를 중요시하며 관계중심적이라고 할 수는 없다. 이러한 연구들은 남성과 여성의 평균적인 차이이며 개인의 개성으로 인한 차이로 인한 차이로 인해 다른 결과를 가질 수 있기 때문이다. 어떤 여성들은 호전적이고 폭력적 성향을 가질 수도 있으며 어떤 남성들은 관계중심적이고 공감적인 성향을 가질 수도 있기 때문이다. 남성과 여성의 차이는 지나치게 단순화하거나 이분법적으로 나누는 것은 또 다른 성차별을 가져온다는 것을 주의해야 한다.

여러 한계에도 불구하고 21세기 들어 여성의 역할은 점점 더 확장되고 있다. 성차에 기반한 전통적인 성역할의 차이는 변화되고 있으나 남성과 다른 여성의 고유한 가치와 역할은 여러 현실적 문제를 해결하는 중요한 대안으로 부각되고 있다. 여성의 돌봄과 심정적 리더십은 젠더 갈등과 사회적 분열을 해결하는 핵심적 역량으로 주목받고 있으며 여성의 생명중심의 관점은 환경문제와 생태위기를 해결할 수 있는 영감을 제공하고 있다.

4. 평화를 위한 여성리더십 사례

1) 라이베리아 여성평화운동

라이베리아는 아프리카 서부에 위치한 공화국으로 1989년부터 1997년까지 1차 내전이 일어난 뒤 1999년부터 2003년까지 2차 내전이 일어나게 되었다. 라이베리아 내전은 가장 참혹한 내전 중 하나로 2차에 걸친 전쟁기간 동안 수십만 명의 사망자가 발생하였다.

내전의 시작은 테일러(Charles Taylor)가 이끄는 반군이 사무엘 도(Samuel Doe) 정부에 반대하는 반란을 일으키면서 발생하였다. 1990년 테일러가 이끄는 국민애국전선 소속 반군이 라이베리아의 수도인 몬로비아에서 사무엘 도를 처형하였으나 다양한 반군세력이 등장하면서 지속적인 무력 충돌이 이어졌다. 내전기간 동안 어린이들이 전쟁에 동원되었으며 대량학살가 성폭력이 빈번하게 발생하여 국민들이 극심한 고통을 겪게 되었다.

이러한 극한적인 상황 속에서 보위(Leymah Roberta Gbowee)는 자신과 같은 여성들이 전쟁을 종식시키기 위해 행동해야 한다고 결심했다. 그녀는 기독교 여성과 이슬람 여성을 포함한 다양한 배경의 여성들을 모아 '평화를 위한 라이베리아 여성 대중행동(Women of Liberia Mass Action for Peace)'을 결성하고 종교와 민족을 초월한 연대를 통해 전쟁의 종식을 목표로 하는 비폭력 반전운동을 펼쳤다.

라이베리아 여성들은 전쟁을 반대한다는 상징으로 흰 옷을 입고 거리에서 평화 시위를 벌이는 백의운동(White T-shirt Protest)를 펼쳤으며 남성들에게 전쟁 중단을 촉구하기 위해 성파업(Sex Strike)을 전재했다. 또한 기독교와 이슬람 여성들이 연합하여 함께 기도와 명상을 하며, 내전 종식을 위한 영적 연대를 형성했다. 점점 더 많은 여성들이 이 운동에 동참하면서 보위는 테일러 대통령과 반군 지도자들을 만나 평화협상에 참여하도록 유도하였다.

이러한 여성 평화운동가들의 노력은 2003년 아크라에서 열린 평화 협상에서 결정적인 역할을 했다. 이들은 평화 회담장 주변을 에워싸고, 협상이 타결될 때까지 대표단이 회의를 중단하지 못하도록 봉쇄하는 전략을 펼치면서 자신들의 활동을 세계에 알리고자 노력했다. 결국, 여성 평화운동가들의 지속적인 압박과 노력, 국제 사회의 관심 속에서 2003년 8월 18일 '포괄적 평화협정(Comprehensive Peace Agreement)'이 체결되었으며, 오랜 라이베리아 내전이 공식적으로 종식되었다.

전쟁이 종시된 이후 보위와 여성평화운동가들은 전후 라이베리아의 재건에도 적극적으로 참여하였다. 특히 국가개혁위원장을 맡은 설리프(Ellen Johnson Sirleaf)를 중심으로 평화로운 라이베리아를 건설하기 위해 노력하였다. 그 결과 2005년 설리프가 아프리카 최초로 여성대통령에 당선되었으며 여성의 정치적 참여가 더욱 확대되었다. 이는 여성 평화운동이 정치적 변화를 이끌어내는 중요한 계기가 되었다.

라이베리아 여성들의 평화운동은 세계적으로도 주목을 받아 2011년 보위와 설리프가 노벨평화상에 공동수상자로 선정되기도 하였다. 라이베리아 여성평화운동은 민족과 종교를 초월한 여성들의 연대가 비폭력 저항운동을 펼쳤을 때 폭발적 힘을 가진다는 것을 보여주었다. 또한 전쟁이 일어났을 때 여성들이 피해자에 머물 것이 아니라 적극적인 평화 구축자가 될 수 있다는 것을 보여준 대표적인 사례가 되었다. 나아가 여성들이 주도하는 평화운동이 국제적으로도 강한 영향을 미칠 수 있음을 증명하며, 분쟁지역에서 여성 리더십의 가능성을 입증하는 사례가 되었다.

2) 케냐의 그린벨트운동(Green Belt Movement; GBM)

케냐에서 그린벨트운동을 시작한 마타이(Wangari Maathai)는 1940년 당시 영국령이었던 케냐에서 가장 인구가 많은 민족인 키쿠유(Kikuyu)족으로 태어났다. 영국 식민지 지배가 끝나갈 무렵 케냐의 미래를 이끌 지도자를 양성하기 위해 서구식 교육을 시키고자 300여 명의 장학생을 미국으로 유학 보내게 되었을 때 마타이 또한 선발되어 유학의 기회를 가질 수 있었다. 이후 미국과 독일에서 생물학을 전공하였으며 나이로비대학에서 케냐는 물론 동아프리카 여성 중 최초로 박사학위를 수여받았다. 이후 1971년 나이로비대학에서 해부학 교수로 임용되어 활동하면서 환경문제와 여성 교육에 대한 관심을 키웠다.

1977년 마타이는 급격한 삼림 벌채와 사막화, 기후변화, 그리고 여성들의 경제적 어려움을 해결하기 위해 그린벨트운동을 시작하였다. 당시 그린벨트운동은 사막화를 막기 위해 1200만 그루의 나무를 심는 것을 목표로 하였다. 이 운동은 여성들에게 나무를 심도록 교육하고, 이들이 지속적으로 나무를 관리하도록 하였으며, 나무를 심고 관리하는 여성들에게 경제적 보상을 지급하여 여성들이 경제적으로 자립할 수 있도록 하였다. 이러한 활동은 지속적인 농업과 생태 보호에 대한 교육으로 이어졌으며 지역사회에 기반한 생태교육으로 자리잡을 수 있었다. 이 운동은 처음에는 소규모 지역사회 프로젝트로 시작했지만, 빠르게 성장하며 수백만 그루의 나무가 심어졌고, 환경 보호와 여성 권익 운동을 결합한 대표적인 사례로 자리 잡았다.

그린벨트운동은 정부의 삼림파괴와 공공토지 사유화 등에 강력하게 반발하면서 대대적인 시위를 주도하면서 정부의 독재와 부패에 맞서는 정치적인 활동도 병행하였다. 특히 마타이는 이러한 활동으로 여러 차례 체포되거나 폭력적인 진압을 당하기도 하였다. 특히 1999년 그린벨트운동은 나이로비의 우후루공원(Uhuru Park)과 카루라 숲(Karura Forest)이 불법적으로 개발되는 것을 막기 위해 범국민적인 반대운동을 펼쳤다. 그 과정에서 마타이가 경찰 폭력으로 심각한 부상을 입기도 했지만 국제사회의 주목을 받았으며, 그 결과 우후루공원과 카루라 숲 개발계획을 백지화시키는데 성공하였다.

그린벨트운동은 5000만 그루 이상의 나부심기에 성공하여 아프리카의 사막화를 막고 생태계를 회복하는데 기여하였으며 수 만 명의 여성들이 생계를 유지하고 지역사회에서 경제적, 사회적 지위가 향상되도록 하였다. 또한 아프리카 전역은 물론 세계 여러 국가로 확산되어 나무심기를 통한 환경 보호의 모델이 되었다.

2004년, 마타이는 환경 보호와 민주주의 발전에 기여한 공로를 인정받아 아프리카 여성으로는 최초로 노벨평화상을 수상했다. 마타이의 노벨평화상 수상은 환경보호가 여성인권과 평화, 경제정의 등의 문제와 연결된 중요한 문제임을 국제사회에 알리는 중요한 계기가 되었다.

케냐의 그린벨트운동은 기후변화대응과 지속가능한 발전을 위한 활동을 지속하고 있으며 여성환경운동가들에게 환경보호와 여성인권이 결합될 때 평화증진의 새로운 모델이 될 수 있다는 것을 보여주는 모델로 자리잡았다.

3) 나브다냐(Navdanya) 운동

1970년대 이후 인도의 농업은 산업화되면서 '녹색혁명(green revolution)'이 일어나 전통적인 농업방식이나 작물 다양성이 폐기되고 국제종자기업의 유전자변형 종자의 사용이 요구되었다. 세계적인 종자기업은 전통적인 농업방식으로 농사할 때 발생하는 문제를 해결할 수 있는 새로운 종자로 생산량 증대가 가능하다고 홍보하면서 농민들에게 종자를 구입하도록 했다.

이후 농업방식의 변화로 생산량은 증대되었지만 오히려 농민들의 부채는 증가되었다. 이렇게 부채가 증가하게 된 것은 유전자변형 종자의 특징 때문이었다. 우선 유전적으로 변형된 종자들은 생산·분배·판매 등이 독점되어 있어 이를 재배하는 농민들은 수확된 작물의 종자를 보존하지 못하고 매년 구입해서 재배해야 했다. 전통적인 농업에서는 필요하지 않았던 종자구입비가 매년 지출되는 구조는 농민들에게 큰 부담이 되었다. 또한 유전자변형 종자를 키우기 위해서 더 많은 물과 맞춤형 살충제가 요구되어 관계시설을 확충하고 비싼 살충제까지 구입하여 재정적 부담은 더욱 가중되었다.

인도의 농민들은 매년 늘어나는 부채를 감당하지 못해 극단적 선택을 하는 경우까지 발생하였다. 1997년부터 2007년까지 인도 전역에서 약 20만 명의 농민이 자살했다는 통계가 나올 정도로 농민의 삶 자체가 위협받게 되었다.

이러한 인도의 상황에 주목하여 시바(Vandana Shiva)에 의해 창설된 나브다냐운동은 전지구적 차원에서 종자와 식량에 대한 주권을 주장하는 활동을 적극적으로 전개하였다. '나브다냐'는 9개의 씨앗을 의미하는 인도어로 생물학적으로 다양성의 보호를 상징한다. 나브다냐 운동은 인도 농민이 국제적인 종자·화학 기업의 구조적 지배로부터 벗어나 자율적인 농업에 종사할 수 있도록, 종자와 식량주권 보호, 생물다양성 보존, 생태적 농업방식으로의 전환, 토종 종자 보존과 보급 등을 위한 다양한 활동을 전개하였다.

특히 국제종자기업이 판매하는 고수확품종과 화학비료 및 제초제를 이용하여 단작재배를 하는 산업농법이 생물다양성을 파괴하고 토지를 황폐화시켜 생산량을 감소시킨다는 점을 지적하면서 농민들이 거대종자기업의 지배에서 벗어나 토종 종자를 수호하고 작물 다양성을 유지하며 유기농업으로 전환할 수 있도록 농민들에게 지속 가능한 농업 기술을 교육하고, 공동체 내에서 전통 지식을 공유하는 장을 마련하였다. 또한 지역 농민들이 다국적 기업에 의존하지 않고, 자립할 수 있는 경제 구조를 개발하도록 지원하여 지속 가능한 경제모델을 구축하였다.

나브다냐운동을 시작한 반다나 시바는 1978년 캐나다 웬스턴 온타

리온 주립대학에서 물리학으로 박사학위를 받은 뒤, 1982년 '과학, 기술, 생태학 연구재단'(the Research Foundation for Science, Technology and Ecology; RFSTE)를 설립하고 1987년 나브다냐의 창립으로 본격적인 생물다양성 보존 및 식량·종자 주권 운동을 전개하였다. 특히 RFSTE 연구재단은 20여 명의 연구원이 종자 위기와 유전자변형 종자의 문제점을 연구하고 계간지를 발행하는 등 지속적으로 연구를 담당하면서 나브다냐 운동을 뒷받침하고 있다.

이와 함께 '나브다냐 생물다양성 보존 및 유기농장'(Navdanya Biodiversity Conservation and Organic Farm, 이하 유기농장)은 RFSTE 연구재단과 유기적으로 연대하면서 지속적으로 교육과 실천을 담당하고 있다. 1993년 인도 북부 우타라칸드 데라둔의 람가르 마을에 세워진 유기농장은 다양한 식용과 약용식물을 유기농법으로 재배하면서 이를 농민들에게 교육하는 유기농업 교육과정을 개설, 운영하였다. 이 외에도 교육생과 일반 방문자를 위한 숙박시설 외에 토양과 작물 연구를 위한 실험실과 종자은행, 종자대학 등을 운영하고 있다.

나브다냐 운동은 우선 농민들이 스스로 종자를 저장하고 공유할 권리, 즉 종자 주권(Seed Sovereignty)을 주장하며 다국적 기업의 종자 특허에 반대하였다. 종자는 농민들에게 미래의 생산을 위한 자원이자 한 지역의 농업지식체계의 보고이기에 전통적인 농업구조에서 종자는 수확 후 보관하고 이웃과 나누어 사용하는 공유자산이었다. 그러나 녹색혁명 이후 매년 농민은 종자와 화학제품 등을 구입해야 하는 구조가 되어 종자 주권을 빼앗기게 되었다. 이를 극복하기 위해 나브다냐 운동은 스와데시(swadeshi, 자립), 스와라즈(swaraj, 자치), 사티아그라하(satyaraha, 진리추구)로 간디가 비폭력저항운동을 전개할 때 사용했던 핵심가치를 중심으로 토종종자와 생물다양성을 보존하면서 종자생산을 자체적으로 하고 지역자원을 활용한 살충제와 비료 등을 사용하여 농업 생산에 필요한 모든 투입물을 자급자족하고 생산량을 스스로 결정하면서 소비자와 간극을 줄이도록 하였다. 이렇게 자립의 힘을 가지게 된 농민은 정치적 힘을 키워 국제적인 종자기업의 위협에서 자유로워질 수 있다. 이러한 자립과 자치를 통해 정의롭지 않은 것과 타협하지 않는 비협조운동으로 '종자 사티아그라하(bija satyagraha)'을 전개하여 토종종자 보존과 종자주권 수호운동을 전개하였다.

대표적인 것으로 '종자행군'을 의미하는 '종자 야트라'(bija yatra)는 2000년부터 시작되었는데 농민자살이 집중된 지역에서 종자축제, 종자교환 프로그램, 토종종자의 보급·관리·선별·보존을 통한 공동체 종자은행 구축 활동 등을 하면서 지역 농민들에게 종자주권 수호의 중요성을 교육하였다. 2006년에는 약 250개 농촌을 행진하면서 유전자변형 면화종자 화형식을 하기도 하였다.

이렇게 나브다냐 운동은 단순한 환경 보호를 넘어, 농민들의 경제적 자립을 지원하는 지속 가능한 모델로 자리 잡았다. 이 운동을 통해 수천 개의 전통 종자가 보존되었으며, 인도의 여러 지역에서 유기농 농업이 확산되었다. 또한, 나브다냐는 농민들이 직접 종자를 저장하고 공유할 수 있도록 돕는 종자은행(Seed Bank)을 운영하며, 다국적 기업들이 종자 시장을 독점하지 못하도록 방어하는 중요한 역할을 하고 있다.

나브다냐 운동을 이끌고 있는 반다나 시바는 여성들이 이러한 운동의 핵심적인 주체라고 강조한다. 그녀는 "여성은 전통적으로 생태계를 유지하고, 토착 지식을 전승하는 역할을 해왔으며, 생물다양성을 보존하는 데 중요한 기여를 한다"고 주장하였다. 그동안 가부장제와 자본주의가 여성과 자연을 동시에 억압하는 구조를 만들어 왔지만 여성들은 약초 사용이나 작물 재배 등 전통적인 생태 지식을 가지고 있어 지속가능한 사회를 만드는 주축이 될 수 있다고 지적하였다. 또한 인도 여성들이 나무를 보호하기 위해 나선 칩코운동(Chipko Movement) 등 여성이 중심이 되어 생태를 지키는 운동을 할 수 있다고 제안하기도 하였다.

나브다냐 운동은 인도뿐 아닐 전세계적으로 "식량은 상품이 아니라 기본권"이라는 관점을 가지게 하였으며 지역사회 중심의 식량생산 시스템을 지지하도록 하였다. 또한 생태를 파괴하지 않는 지속가능한 경제모델로서 농업생태학과 여성의 역할 등을 주목하도록 하였다.

5. 평화 구축을 위한 여성리더십

평화는 단순히 전쟁이나 갈등의 부재를 넘어, 정의, 조화, 지속 가능한 관계를 포함하는 적극적 상태를 의미한다. 문선명·한학자 총재는 평화란 두 존재가 서로 평등한 수평을 이룬 상태에서 화합하는 것이라고 하면서 포괄적이고 적극적인 평화개념을 제시하였다. 이런 관점에서 볼 때 여성은 평화를 이루는 단순한 참여자가 아니라, 주체로서의 역할을 감당할 수 있는 고유한 위치에 있다. 여성은 가정과 지역사회, 국가와 세계를 연결하며, 갈등을 해결하고 조화로운 공동체를 구축하는 데 중심적인 역할을 할 수 있으며 이미 세계 전역에서 이러한 활동이 전개되고 있다.

길리건(Carol Gilligan)은 여성들이 도덕적 판단에서 관계와 책임을 우선시한다고 주장하며, 이러한 특성이 갈등 상황에서 화해와 협력을 촉진한다고 보았다. 그녀의 연구는 여성의 관점이 남성 중심적 정의와 권리 중심의 접근과는 다른, 조화와 돌봄의 문화를 형성할 수 있음을 보여준다. 친킨(Christine Chinkin) 역시 이러한 관점에서 국제분쟁 해결에서 여성의 참여가 필수적임을 강조하며, 여성들이 갈등의 근본 원인을 이해하고 이를 해결하기 위한 실질적인 방안을 제시할 수 있는 독특한 관점을 가지고 있다고 주장했다. 특히, 여성의 참여는 갈등 이후의 사회적 회복 과정에서 신뢰와 화합을 구축하는 데 결정적인 역할을 한다고 평가받는다.

유엔의 여성·평화·안보 프로그램(Women, Peace and Security)은 여성의 평화 구축 참여가 지속 가능성과 효과를 높인다는 연구 결과를 제시했다. 유엔은 여성들이 평화 협정에 참여한 경우, 협정이 장기적으로 유지될 가능성이 35% 이상 높아진다고 보고하고 있다. 이는 여성이 평화 과정에서 협상과 대화, 신뢰 구축에 독특한 강점을 가지기 때문으로 분석된다.

그럼에도 불구하고 여성들이 평화의 주체로 나서기 위해서는 여전히 많은 장애가 존재한다. 전통적인 성 역할과 사회적 고정관념은 여성의 참여를 제한하고, 주요 결정 과정에서 여성의 목소리를 배제하는 구조를 강화한다. 국제분쟁 해결과정에서 여성의 참여 비율은 여전히 낮은 수준에 머물러 있으며, 여성의 목소리가 반영되지 않는 경우가 많다.

이와 관련하여 페미니스트 이론가 엔롤(Cynthia Enloe)은 분쟁 상황에서 여성의 경험이 종종 간과되거나 무시되는 현실을 지적하며, 평화 구축 과정에서 성별 관점을 포함하는 젠더 주류화의 필요성을 강조했다. 그녀는 여성이 평화의 주체로 인정받기 위해서는 사회 구조와 정책 수준에서의 변화가 필요하다고 주장한다.

　현실적으로 여성들은 평화를 추구하는 과정에서 많은 어려움을 겪고 있다. 전통적인 성 역할의 고정관념은 여성의 사회적 참여를 제한하고, 여성의 목소리가 제대로 반영되지 않는 구조적 문제도 여전하다. 그럼에도 불구하고 여성들은 가정과 지역사회, 국가적 차원에서 평화를 위한 노력을 계속해 왔다. 특히 가정과 공동체의 화합을 중심으로 한 여성의 평화운동은 다른 어떤 방식보다도 깊고 지속적인 영향을 미친다. 여성의 공감과 돌봄의 태도는 갈등을 해결하고 조화를 이루는 데 있어 독특한 강점으로 작용한다.

　세계평화여성연합(World Federation of Women's Peace, WFWP)을 창설한 문선명·한학자 총재는 인류의 화합과 평화를 이루기 위해 여성의 역할을 강조하며 독창적인 비전을 제시했다. 이러한 비전은 단순히 여성의 권리 증진에 그치지 않고, 심정을 중심으로 한 조화로운 세계를 구현하려는 이상을 담고 있다. 여성 평화운동은 단순히 사회적 문제를 해결하기 위한 도구가 아니라, 인류 전체의 화합과 조화를 이루는 근본적인 기반이기도 하다.

　문선명·한학자 총재는 평화를 이루는 핵심 동력을 참사랑과 심정 문화에서 찾았다. 참사랑은 인간이 타인을 위해 희생하고 헌신하는 사랑의 형태로, 개인의 이익을 넘어 공동체의 조화를 이루는 데 필수적인 요소다. 이러한 참사랑의 실천은 여성의 본질적 특성과 깊이 연관되어 있다고 보았다. 여성은 생명을 잉태하고 양육하는 역할을 통해 생명과 사랑의 가치를 누구보다 잘 이해하고 있으며, 이러한 경험을 바탕으로 더 큰 공동체를 사랑하고 화합으로 이끌어 갈 수 있다고 믿었다.

특히 한학자 총재는 여성의 역할이 단순히 가정 내에서 머무는 것이 아니라, 글로벌 차원에서 평화를 구축하는 데 적극적인 주체로 나아가야 한다고 주장했다. 그녀는 여성이 가지는 돌봄과 화합의 태도가 사회적 문제를 해결하고, 전 세계적으로 지속 가능한 평화를 이루는 데 중요한 역할을 한다고 보았다. 한학자 총재는 여성들이 스스로의 내면을 성장시키고, 이를 통해 평화의 사명을 수행할 수 있도록 교육과 연대의 필요성을 강조했다. 그녀는 WFWP의 활동을 통해 여성들이 서로 연대하고, 지역사회와 세계적으로 평화를 실현할 수 있는 실질적인 플랫폼을 제공하고자 했다.

또한 문선명·한학자 총재는 남성과 여성의 관계를 평등과 조화의 관점에서 바라보았다. 그들은 여성의 역할이 남성과 상호 보완적인 관계 속에서 더 큰 의미를 가질 수 있음을 강조했다. 여성의 심정이 평화의 본질이라면, 남성은 이를 실현하는 데 함께해야 할 동반자라는 것이다. 이를 통해 성별의 차이를 조화와 화합의 관점으로 재구성하고, 남녀가 협력하여 더 큰 평화를 이루어야 한다는 메시지를 전달했다.

그러나 여전히 여성의 리더십을 가로막는 여러 장애가 있다. 먼저 문화적 장애 중 가장 큰 요인은 전통적인 성 역할 고정관념이다. 많은 사회에서 여성은 여전히 가정 중심의 역할에 제한되며, 공적 영역에서의 활동이 제한되는 경우가 많다. 이러한 고정관념은 여성의 평화운동 참여뿐만 아니라, 그들의 리더십과 목소리를 인정받는 데 큰 장벽이 된다.

세계 여러 지역에서 여성의 역할은 여전히 '돌봄'과 '희생'이라는 전통적 이미지로 제한되어 있다. 여성은 가정과 지역사회에서 비공식적인 갈등 해결자로 기능할 때는 인정받지만, 국가적·국제적 차원에서 공식적인 결정권자로 나서기를 요구할 경우 저항에 부딪히는 경우가 많다. 예를 들어, 여성의 공공 영역에서의 리더십은 종종 '남성적 역할'로 간주되며, 이에 도전하려는 여성은 비판과 배척을 경험하기 쉽다.

정치적 영역에서도 여성은 여전히 배제와 차별을 경험하고 있다. 특히 전쟁과 분쟁 해결 과정에서 여성의 참여는 여전히 낮은 수준에 머물러 있다. 국제 평화협정의 협상 테이블에 여성의 참여 비율이 10%를 넘지 못하는 경우가 많으며, 이는 협정이 실질적이고 지속 가능한 변화를 이루는 데 한계를 가져온다. 많은 국가에서는 아직도 평화 협정이나 정치적 협상에 있어 여성을 비공식적 조언자로 참여시키는 것에 그칠 뿐, 주요 결정권자로 세우는 데 주저한다.

갈등 지역에서 여성의 평화운동은 구조적 성차별로 인해 더욱 어려움을 겪는다. 전쟁과 분쟁 상황에서 여성은 종종 성폭력과 같은 극심한 폭력에 노출되며, 이는 그들이 평화의 주체로 활동하기 위한 기본적인 안전조차 보장받지 못한다는 것을 의미한다. 성폭력은 단순히 여성 개인에 대한 범죄를 넘어, 전쟁 전략으로 사용되기도 하며, 이는 여성들이 분쟁 이후 평화 구축 과정에서 적극적으로 참여하기 어렵게 만든다.

예를 들어, 1990년대 발칸반도의 유고슬라비아 내전과 르완다 학살에서 여성은 대규모 성폭력의 피해자가 되었으며, 분쟁 후 사회적 낙인으로 인해 다시 공동체에 통합되기 어려운 상황에 처했다. 이러한 문제는 여성들이 평화 구축의 주체로 나서야 할 시점에서 스스로를 숨기거나 침묵하게 만드는 결과를 초래했다.

또한 아직도 많은 지역에서 문화적 전통과 종교적 가르침은 여성의 사회적 역할을 제한하는 주요 요인으로 작용한다. 일부 전통 사회에서는 여성이 공적 영역에 나서는 것을 금기시하거나, 남성의 권위를 따르는 것이 당연시된다. 이러한 문화적 장벽은 여성 평화운동이 국제적 차원에서 연대하기 어렵게 만들고, 특정 지역에서는 여성운동 자체가 정치적 반발을 초래하기도 한다.

종교적 가르침 또한 여성의 역할을 제한적으로 정의하거나, 가정과 모성에 국한하는 경우가 많다. 이는 여성들이 자신의 목소리를 내고 평화를 위해 활동하는 데 심리적·사회적 제약으로 작용한다. 예를 들어, 일부 지역에서는 여성들이 공공 영역에서의 활동을 시작하기 위해 종교 지도자나 지역 사회의 남성 지도자들의 허락을 받아야 하는 상황도 여전히 존재한다.

한편, 미디어 역시 현대 사회에서 여성의 평화운동을 방해하거나 왜곡된 이미지를 만들어내는 또 다른 요인이 될 수 있다. 많은 경우 미디어는 여성 평화운동의 의미와 중요성을 과소평가하거나, 이를 특정 사건의 부차적 요소로 취급한다. 이는 여성의 활동이 사회적 영향력을 발휘하는 데 방해가 된다.

더 나아가, 미디어는 종종 여성의 평화운동을 '감정적'이거나 '비공식적'인 접근으로 묘사하며, 이를 전략적이고 체계적인 활동으로 인정하지 않는 경향이 있다. 이는 여성 평화운동의 가치와 성과가 제대로 평가되지 못하는 결과를 초래하며, 여성의 활동에 대한 사회적 신뢰를 낮추는 요인으로 작용한다.

그럼에도 불구하고 현대 사회에서 여성 평화운동은 이러한 문화적·정치적 장애를 극복하기 위해 여러 가지 노력을 기울이고 있다. 국제적으로 유엔과 같은 기구는 여성의 참여를 제도적으로 보장하기 위한 정책을 강화하고 있으며, 지역적으로는 여성 단체들이 협력하여 기존의 전통적 구조를 변화시키고 있다.

예를 들어, 2000년, 유엔 안전보장이사회는 결의안 1325를 채택하며, 분쟁 상황에서 여성과 아동의 보호 및 평화구축 과정에서의 여성의 역할을 공식적으로 인정했다. 결의안 1325는 여성의 평화 구축 참여를 제도적으로 보장하고, 젠더 관점을 평화 협정과 분쟁 해결 과정에 포함하도록 촉구한 첫 번째 국제적 의제였다. 이후 유엔은 여성·평화·안보(Women, Peace, and Security, WPS) 프로그램을 통해 여성 평화운동의 국제적 연대를 강화하고 있다. 예를 들어, 유엔은 여성들이 분쟁 이후 재건 과정에 참여할 수 있도록 지원하며, 여성 리더십을 증진하기 위한 다양한 프로젝트를 운영하고 있다. 특히, 여성 네트워크를 통해 갈등 지역에서의 경험을 공유하고, 국제적 차원의 정책 변화로 이어지게 하는 데 중점을 두고 있다.

또한 평화와 자유를 위한 여성국제연맹(Women's International League for Peace and Freedom; WILPF)은 1915년에 설립된 이후 전 세계 여성 평화 운동가들을 연결하며, 분쟁 해결과 군비 축소, 젠더 평등을 위한 활동을 펼쳐왔다. WILPF는 국제 회의를 통해 여성들의 목소리를 국제사회에 전달하고, 각국의 평화운동을 지원하며, 글로벌 차원에서 연대의 기반을 다졌다. 또한 분쟁 지역 여성들의 생생한 경험을 담은 보고서를 유엔과 같은 국제기구에 제출하며, 이들이 정책에 반영될 수 있도록 노력하고 있다. 이러한 활동은 여성들이 국제적 의사 결정 과정에 참여할 수 있는 기회를 확대하고 있다.

6. 평화를 위한 여성리더십의 미래

평화를 위한 여성리더십의 미래를 위해서는 무엇보다 여성리더십을 위한 교육프로그램이 강화되어야 한다. 현대사회에서 여성은 남성과 동등하게 교육받고 사회에 참여할 수 있는 법적인 권리를 가지고 있으며 문화 또한 변화되어 가고 있다. 그러나 이러한 법적 권리와 문화가 자연적으로 평화의 문화 조성으로 연결되는 것은 아니다. 현대사회에서 여성들은 법적으로 남성과 동등한 권리를 보장받고 있지만 기존의 경쟁적이고 권력중심적인 구조에서 살아남기 위해 남성중심적인 리더십 스타일을 모방하는 경우가 많다. 여성이 지도자가 되더라도 경쟁과 권위, 힘의 논리에 좌우되는 기존의 패러다임을 답습할 경우 평화적 리더십과는 거리가 멀어질 수 있다. 따라서 생물학적 여성이 사회적으로 더 높은 지위에 오르는 것이 중요한 것이 아니라 평화를 위한 새로운 리더십의 패러다임이 필요하다.

앞서 살펴보았던 마거릿 대처나 인디라 간디 등은 기존의 남성적이고 권위적인 리더십을 답습하면 근본적인 변화가 이루어지지 않는다는 비판을 받았다. 기존의 권력 구조 안에서는 여성들도 강경한 선택을 할 수밖에 없음을 보여주었던 것이다.

이에 비해 평화의 리더십을 보여주었던 레이마 보위나 엘렌 설리프, 반다나 시바 등은 협력과 공감을 중심으로 지속적으로 연대를 강화하면서 여성과 생태, 지역과 세계를 위한 실천을 이끌어냈다. 이들은 기존의 리더십이 가지고 있는 문제를 정확하게 인식하고 이에 대한 대안을 제시하기위해 평화와 포용을 중심으로 새로운 리더십의 방향을 개척하였던 것이다. 이렇게 평화를 위한 여성리더십은 기존의 리더십을 모방하는 것이 아니라 협력과 돌봄, 포용과 지속가능성을 중시하는 평화의 리더십으로 발전되어야 한다. 이를 위해서는 평화의 리더십을 위한 여성 교육과 멘토링 프로그램 등의 훈련이 필요하다. 또한 전세계 여성지도자를 연결하는 글로벌 네트워크를 구축하여 평화를 위한 리더십의 실천 사례와 경험을 공유하고, 상호 협력을 통해 더 큰 변화를 이끌어 내야 한다.

다음으로 평화를 위한 포용적 실천이 전개되어야 한다. 평화를 위한 여성리더십은 여성의 역할을 강조하는 것을 넘어 양성평등과 포용적 사회를 이루기위한 비전을 제시해야 한다. 이는 여성과 남성이 서로를 보완하며 평등하게 협력하는 문화를 형성하는 것을 목표로 한다. 젠더 갈등을 줄이고 사회적 조화를 이루기 위해서는 남성과의 협력 강화는 필수적이다. 남성들이 여성의 평화운동에 동참할 수 있는 플랫폼과 기회를 제공하고, 함께 평화를 구축하는 문화를 결성해야 한다.

이를 위해서 우선적으로 젊은 청년세대의 젠더갈등을 해소하기 위한 노력이 요청된다. 젊은 여성들에게 갈등 해결 및 협력적 리더십 교육을 제공하여 성평등 논의에서 벗어나 실질적인 평화구축을 위한 역량을 기를 수 있도록 해야 하며 젊은 남성들에게도 젠더 감수성과 포용적 리더십을 교육하여, 젠더 갈등을 극복하고 평화로운 협력의 문화를 조성하는 것이 중요하다. 또한 젊은 여성과 남성이 함께 참여할 수 있는 공동의 평화프로젝트를 기획하여, 실천적 경험을 쌓을 수 있도록 해야 한다. 나아가 젠더 갈등을 해소하고 포용적 사회를 만들기 위해서는 미디어와 디지털 플랫폼을 적극 활용하여 젠더 평화증진을 위한 컨텐츠 개발과 교육을 활성화하는 방안도 모색할 필요가 있다.

평화를 위한 여성리더십은 여성 만을 위한 것이 아니라 남성과 협력하여 지속 가능한 사회를 만드는 과정이어야 한다. 이를 통해 양성평등을 기반으로 하는 포용적 사회를 실현하고 궁극적으로 지속가능한 평화의 문화를 형성할 수 있을 것이다.

끝으로 지속가능한 평화의 문화를 실현하는 여성리더십은 지역을 기반으로 하는 생태평화활동에 집중되어야 한다. 그동안 평화를 위한 리더십은 개인의 갈등해결 능력을 높이고 타인과의 관계를 조화롭게 유지하는 역량을 강화하는 교육에 집중되었다. 특히 갈등과 폭력의 피해를 입은 사람들을 위한 심리적 치유와 내적 평화를 위한 다양한 프로그램은 분쟁지역에서 심리적 외상을 입은 여성들과 아동들에게 공동체에 통합될 수 있는 힘을 주었다.

이제 평화를 위한 리더십은 개인의 내면과 타인의 관계를 넘어 생태평화와 연결되어야 한다. 현대사회의 가장 심각한 문제는 생태의 지속가능성으로 기후변화와 자원부족이 갈등의 핵심 과제로 부각되어 있다. 지속가능한 평화를 위해서는 생태적 책임을 강조하는 리더십이 요청되며 생태계 복원을 위한 활동이 전개되어야 한다.

이러한 생태평화를 위한 활동은 구체적인 지역을 기반으로 진행되는 것으로 나무심기, 폐기물 관리, 재생가능 에너지 사용 등 다양한 실천이 가능하다. 특히 여성들이 중심이 되어 지역 주민들이 주도적으로 참여하는 실천을 할 수 있으며, 공동체가 함께 지속 가능한 삶의 방식을 만들어 가는 것이 핵심이다. 이를 통해 생태적 회복과 평화구축이 연결되어 인간과 자연이 조화를 이루는 지속 가능한 평화의 미래를 실현할 수 있을 것이다.

평화를 위한 여성 리더십은 단순히 여성의 사회적 지위 향상을 넘어, 협력과 포용을 바탕으로 한 새로운 리더십 패러다임을 구축하는 데 그 핵심이 있다. 기존의 경쟁적이고 권위적인 리더십을 답습하는 것이 아니라, 돌봄과 연대, 지속 가능성을 강조하는 평화적 리더십이 요구된다. 이를 위해 여성과 남성이 함께 참여하는 포용적 실천이 이루어져야 하며, 젊은 세대의 젠더 감수성과 협력적 리더십 교육이 필수적이다. 또한, 미디어와 디지털 플랫폼을 활용한 평화 증진 활동과 글로벌 네트워크를 통한 경험 공유가 필요하다. 궁극적으로, 여성 리더십은 개인과 사회의 평화를 넘어 생태평화와 연결되며, 지속 가능한 삶의 방식을 실천하는 공동체 기반의 활동을 통해 평화 문화를 형성해야 한다. 이러한 실천을 통해 인간과 자연이 조화를 이루며, 지속 가능한 평화의 미래를 실현할 수 있을 것이다.

VIII

교회와 여성목회자

1. 기독교의 성차별과 교회

    종교와 사회의 관계는 상호적이며 가변적이다. 기능주의적 관점은 사회구조를 하나의 유기체로 보면서 사회의 각 분야가 상호 의존적으로 안정적인 체계를 형성하고 있다고 본다. 종교 또한 사회의 한 부분으로서 그 사회의 기본적인 가치나 전통을 유지시키고 일탈을 방지하며 사회통합에 기여한다고 보았다. 갈등론적 관점은 사회의 각 분야가 상호 갈등을 통해 유지, 발전된다고 보면서 기존의 사회구조를 유지하려는 지배층과 새로운 변화를 가져오려는 피지배층의 구조로 분리한다. 이때 대부분의 종교는 보수적 성격을 띠며 사회의 기존 질서를 옹호하는 일을 담당하는 이데올로기적 요소를 가지고 있다고 규정하였다.

    두 관점 모두 사회 속에서 기성종교는 기존의 질서를 옹호하고 체제를 유지하는 역할을 담당한다고 보았지만 새로운 종교가 등장할 때는 기존 사회와 종교의 부조리와 모순을 비판하면서 사람들에게 새로운 인식의 틀을 제공하고 사회의 변화를 일으키는 진보적 역할을 하기도 한다. 현실을 비판하고 이상적인 사회를 제시하면서 피지배층의 의식을 해방하여 새로운 희망으로 제도를 개혁할 수 있는 구심점이 되기도 한다.

그러나 이렇게 기존의 사회질서에 새로운 대안을 제시하며 등장했던 새로운 종교도 시간이 경과하면 사회와 상호작용하며 정착되는 과정을 거친다. 이 과정에서 종교는 사회의 기존 체제를 인정하고 이를 유지하는 방향으로 나아가는 경향이 있다. 이러한 경향은 특히 동서양을 막론하고 종교가 가부장적 사회 속에 제도화되는 과정에서 성 차별적인 구조와 문화를 형성하는 과정에서 두드러지게 나타난다.

서양 사회에 영향을 미친 기독교도 성 차별적으로 변화되는 과정을 거쳤다. 성서의 기록을 보면 예수는 여성들에게도 남성들과 동일하게 가르침을 주었으며 남성과 동등한 존재로서 대우하였다. 이에 초기 기독교는 여성에게 참여의 기회를 마련해주었다. 여성 억압적이었던 로마 사회에 비해 초기 기독교는 여성에게 호의적이었고 교회 안에서 활동할 수 있는 영역을 제공하였다. 초기 기독교가 로마의 가부장적 문화를 비판하면서 교회 내 여성의 역할을 다양하게 인정하였기 때문에 여성들은 초기 기독교 성장에 많은 기여를 할 수 있었다.

그러나 로마제국에서 국교로 인정받은 이후 기독교는 정치적 문화적으로 당시 사회와 문화와 조화를 이루려 하였고 기존 사회의 가부장적인 특징을 인정하게 되었다. 기원후 70년부터 여성의 종교생활의 제약이 시작되었으며 중세 여성들은 종교적 지위를 차지할 수 없는 것은 물론 남성에게 복종할 것만 강요되었다.

이후 종교개혁을 단행한 개혁사상가들 또한 가부장적 사회구조와 결탁하는 과정을 겪었다. 루터(Martin Luther)는 종교개혁을 전개하면서 모든 기독교인은 영적으로 자유롭고 평등함을 전제로 이신칭의론과 만인사제주의를 주창하였다. 물론 여성 또한 한 사람의 기독교인으로 영적 자유와 평등을 가진 존재로 인정되었다. 칼뱅(Jean Calvin) 역시 구원에 있어 남성과 여성의 자격은 동등하다고 보았다. 또한 여성의 종교적 참여에 대해서도 긍정적인 입장에 서 있었다. 이러한 입장은 개혁운동 초기 많은 여성들의 참여를 이끌어 내는 원동력이 되었다.

그러나 루터와 칼뱅은 신학적으로 남성과 여성은 동등하나 여성은 남성에게 순종해야 한다는 입장을 견지하였다. 즉 여전히 여성은 남성보다 열등한 존재이며 가정이라는 사적인 영역에 국한된 존재로 본 것이다. 이러한 입장은 종교개혁 진영이 자신들의 존립과 유지를 위해 정치권과 연대하는 과정에서 더욱 강조되었다. 개혁운동의 확산과 안정을 위해 정치권과 공조체제를 구축하면서, 결과적으로 가부장제를 사회질서를 회복하는 기본원리로 규정하고 여성을 순종적이고 수종적인 존재로 억압하였던 것이다.

칼뱅은 가부장제에 기초한 가정을 신의 질서가 구현된 이상적 공간으로 보고 남성은 가정의 우두머리이며 여성은 남성을 돕는 보조자로 보고 맡겨진 소명을 다해야 한다고 강조하였다. 소명과 질서를 강조한 칼뱅의 관점은 결과적으로 가부장제를 강화하는데 기여하였다. 이러한 인식의 한계는 종교개혁에 참여했던 여성의 역할과 영역을 제한하게 되었으며 교권에서 여성을 배척하게 하였다.

2. 여성신학의 성평등

기독교 전통에서 오랫동안 여성은 목회자로 안수받지 못했다. 이는 성경 해석과 교회의 전통적 권위 체계에 기초한 것이었으며, 여성을 교회의 지도자로 인정하지 않는 문화적, 신학적 배경이 반영된 결과였다. 그러나 20세기 이후 여성신학이 등장하면서, 여성 목회자의 역할과 안수 문제에 대한 재해석이 이루어지기 시작했다. 여성신학자들은 교회 내 성차별 구조를 비판하며, 성경이 본래 여성의 리더십을 배제하는 것이 아니라 특정한 시대적 맥락에서 제한적으로 해석되었다고 주장하였다. 이와 함께 여성의 목회적 소명과 교회 지도자로서의 역할을 강조하며, 여성 안수의 정당성을 주장해 왔다.

여성신학자들은 여성 목회자 안수를 금지하는 근거로 사용되어 온 성경 구절들이 시대적, 문화적 맥락에서 해석되어야 한다고 주장한다. 대표적으로 고린도전서 14:34-35 "여자는 교회에서 잠잠하라 그들에게는 말하는 것을 허락함이 없나니 율법에 이른 것 같이 오직 복종할 것이요, 만일 무엇을 배우려거든 집에서 자기 남편에게 물을지니 여자가 교회에서 말하는 것은 부끄러운 것이라"와 디모데전서 2:11-12 "여자는 일체 순종함으로 조용히 배우라, 여자가 가르치는 것과 남자를 주관하는 것을 허락하지 아니하노니 오직 조용할지니라"는 성경구절이 여성 안수를 반대하는 주요 근거로 활용되었다. 그러나 여성신학자들은 이러한 구절들이 시대적으로 특정한 사회적·문화적 맥락에서 나온 것이며, 오늘날 교회에서 여성의 역할을 제한하는 보편적인 원칙으로 적용되어서는 안 된다고 비판하였다.

대표적인 여성신학자인 피오렌자(Elisabeth Schüssler Fiorenza)는 초기 기독교 공동체에서 여성들이 적극적으로 지도자로 활동했다는 점을 강조하며, 성경 속 여성 지도자들을 제시하였다. 그녀는 바울이 로마서 16:1-2에 "내가 겐그레아 교회의 일꾼으로 있는 우리 자매 뵈뵈를 너희에게 추천하노니, 너희는 주 안에서 성도들의 합당한 예절로 그를 영접하고 무엇이든지 그에게 소용되는 바를 도와 줄지니 이는 그가 여러 사람과 나의 보호자가 되었음이라"라고 언급한 디아코노스(집사)였던 '뵈뵈'를 비롯해, 초대교회의 지도자로 활동했던 '브리스길라'(사도행전 18:26)와 '유니아'(로마서 16:7)가 실제로 사도적 권위를 지닌 인물이었음을 강조하였다. 또한, 루디아(사도행전 16:14-15)가 자신의 집에서 신앙 공동체를 이끌었던 점을 들어, 초기 교회에서 여성들이 단순한 보조자가 아니라 적극적인 지도자로서 역할을 수행했음을 밝혔다. 이를 통해 피오렌자는 교회 전통이 남성중심적으로 형성되면서 여성 리더십이 점차 배제되었으며, 이를 회복해야 한다고 주장하였다. 류터(Rosemary Radford Ruether) 역시 기독교 전통이 남성 중심적으로 발전하면서 여성의 역할이 점차 축소되었다고 분석하며, 교회의 구조 자체가 가부장적 질서를 반영하고 있다고 비판하였다.

이러한 비판과 함께 여성신학자들은 여성 안수를 정당화하는 신학적 논거를 제시하였다. 먼저 창세기 1:27은 남성과 여성이 하늘부모님의 형상대로 창조되었음을 분명히 밝히고 있어 남성과 여성이 동등한 가치와 권위를 지닌 존재이며, 교회의 지도자로서 여성도 동일한 역할을 수행할 수 있어야 함을 시사한다고 주장하였다.

또한 사도행전 2:17-18에서 "하나님이 말씀하시기를 말세에 내가 내 영을 모든 육체에 부어 주리니 너희의 자녀들은 예언할 것이요 너희의 젊은이들은 환상을 보고 너희의 늙은이들은 꿈을 꾸리라, 그 때에 내가 내 영을 내 남종과 여종들에게 부어 주리니 그들이 예언할 것이요"라고 되어 있는 것으로 볼 때 성령이 특정한 성별이 아니라, 누구에게나 주어질 수 있음을 강조하였다. 즉, 여성도 성령의 부르심을 받아 목회자로서 역할을 수행할 수 있으며, 안수를 통해 이 소명을 인정받아야 한다는 것을 주장한 것이다.

또 다른 여성신학자들은 예수님이 당시의 사회적 관습을 깨고 여성들과 적극적으로 대화했을 뿐만 아니라 마리아와 마르다, 사마리아의 여인 등을 제자로 받아들였다고 제시하였다. 이는 여성들이 교회의 리더십에서 배제되어야 할 이유가 없음을 보여주는 근거가 되었다.

이러한 여성신학자들의 주장과 여성인권의 신장에 힘입어 20세기 이후, 여러 교단에서 여성목회자 안수가 점차 확대되기 시작했다. 1944년 성공회(Anglican Church)는 홍콩에서 최초로 여성 신부를 안수했으며, 이후 20세기 후반부터 주요 국가에서 여성 주교도 배출되었다. 1956년부터 미국 연합감리교회(United Methodist Church)와 장로교(PCUSA, Presbyterian Church USA)는 여성 안수를 공식적으로 인정하였다. 루터교회(Evangelical Lutheran Church in America, ELCA)는 1970년대부터 여성 목회자를 허용하였다.

한국 기독교는 대한예수교장로회 합동 교단 등 보수적인 교단에서는 여전히 여성 목회자 안수를 허용하지 않고 있으나 진보적이고 개혁적인 교단에서는 허용하고 있다. 1955년 기독교대한감리회에서 여성목사 안수가 처음으로 이루어졌으며 이후 1974년에 한국기독교장로회, 1994년 대한예수교장로회 통합 교단이 여성 목자 안수를 허용하였다. 이후 2024년 기준으로 한국기독교장로회는 여성 목사 비율이 15.4%로 국내 교단 중 가장 높은 비율을 보이고 있다.

반면, 가톨릭교회나 동방정교회에서는 여전히 여성 안수를 인정하지 않고 있으며, 일부 개신교 보수 교단에서도 여전히 여성 목회자 허용에 대한 반대가 존재한다.

여성신학자들은 여성목사 안수가 단순한 평등의 문제가 아니라, 교회의 사명과 신학적 완성도를 높이는 과정이라고 본다. 여성목사 안수를 통해 교회의 리더십 구조가 보다 포괄적으로 변화될 수 있고 다양성을 반영할 수 있어, 여성들이 공동체 안에서 더 적극적으로 신앙적 소명을 실천할 수 있는 길이 열리게 된다. 또한, 여성 목회자들은 여성 신도들의 영적·사회적 요구를 보다 깊이 이해하고 돌볼 수 있다는 점에서 목회적 차원에서도 긍정적인 영향을 미칠 수 있다.

그러나 여전히 여성 목회자에 대한 편견과 구조적 장벽이 남아 있으며, 교단과 교회 내부에서 여성 리더십이 실제적으로 자리 잡기까지는 시간이 걸릴 수 있다. 따라서 여성신학의 지속적인 문제제기와 여성목회자들의 실천적 노력을 통해 이러한 장벽을 점진적으로 허물어야 하며, 평등하고 포용적인 교회 공동체를 만들기 위한 신학적·사회적 논의가 지속되어야 한다.

3. 세계평화통일가정연합의 초창기 여성 지도자

세계평화통일가정연합의 여성 지도자들은 교단 초기에 남성 지도자와 동등하게 전도사, 목사, 선교사 등 다양한 분야에서 적극적으로 활동하였다. 최초의 전도사로 안수를 받고 활동하였던 강현실은 여성으로 대구와 대전, 광주 등 전국 각지에서 개척 전도를 하였다. 김영운 역시 여성으로 1959년 미국으로 선교를 떠났으며 미국에서 영국, 독일 등으로 선교를 하였다. 이밖에도 수많은 여성 지도자들이 교회의 공적 영역에서 활발하게 활동을 하였다.

여성 지도자의 활동은 한국뿐만 아니라 일본, 미국 등지에서도 활발하게 이루어졌다. 일본에서 전도사로 활동한 마치모토 미치코와 미국 샌프란시스코에서 목사로 활동한 벳시 존스 등의 여성 지도자들은 세계평화통일가정연합이 초기에 발전하는데 크게 기여하였다.

그러나 1961년 36쌍 축복결혼식이 있은 뒤 변화가 시작되었다. 축복결혼식 전까지 전도사나 목사, 선교사로 활동하던 여성 지도자는 결혼 이후 많은 변화를 경험하게 되었다. 그런데 그 역할의 변화는 남성을 따르는 것으로 이루어졌다. 축복결혼을 하고 난 뒤 임신과 출산을 경험하면서 자연스럽게 여성들은 남편이 하는 일에 따라 그 역할도 변화되었던 것이다. 처음으로 축복결혼을 한 여성들의 역할 변화는 이러한 변화과정을 단적으로 보여주었다.

남편이 목회를 하고 있는 사람들은 부부 공동목회를 하게 되었다. 메시아의 공동사역처럼 가정연합은 부부 공동목회를 지향하였기에 설교와 교육, 상담, 전도 등 목사의 역할을 공동으로 수행하였다. 부부는 상호 동위권(同位權)과 동참권(同參權), 상속권(相續權)을 가지기에 남편과 여성은 필요한 경우에 서로의 역할을 공동으로 수행할 수 있었으며 이례적 경우이지만 기업체에서 일하던 남편의 역할을 남편 사후에 여성이 대신한 경우도 있었다. 남편이 목회를 하지 않는 경우는 목회를 그만두고 전업주부로서 삶을 살기도 하였다.

강현실과 김영운처럼 특별한 경우 축복결혼을 하지 않은 여성 지도자들은 자신의 역할을 그대로 수행하였다. 그러나 일반적으로 여성들은 자연스럽게 결혼 전까지는 남성과 동등하게 전도사, 목사, 선교사 등으로 임직을 받아 활동하다가 축복결혼 후에는 부부 공동목회를 하거나 공적인 역할을 수행하지 않는 등 공적 역할은 축소되게 되었다. 그 결과 부부 공동목회를 공식적으로 표방하고 있지만 2021년 한국의 경우 가정연합 목사 268명 중 여성 목사는 15명으로 전체의 5.59%에 불과한 것으로 나타나고 있다. 물론 부부 공동목회이기에 남성목사 268명의 부인 또한 목사로 분류되어야 하지만 구체적으로 수행되는 역할이 차이가 나는 것으로 보이며 공식적으로 목회자로 임명되는 제도를 갖추고 있지 않다.

물론 목회 이외의 다른 사역, 상담과 교육 등의 사역에 참여하고 있는 여성 지도자가 40여 명 있으며 교회 내의 행정적인 업무를 담당하고 있는 여성 지도자와 청년선교사로 해외에 파송된 여성 지도자 또한 있다. 그러나 여전히 여성들이 축복결혼 이후 남성의 직업에 따라 본인의 역할 변화를 경험하고 있으며 성평등사상이 제도적으로 구현되지는 못하고 있다.

4. 성평등사상 실천의 한계와 극복

세계평화통일가정연합이 양성과 음성의 중화적 주체이신 하나님을 하늘부모님으로 부르고 독생자인 남성재림주와 독생녀인 여성재림주가 참부모로 오심을 주창하는 등 혁신적인 성평등사상을 가지고 있음에도 불구하고 교회 내의 공적 역할 수행에서 한계를 보이는 원인은 무엇인가?

첫째, 시대적 조건이 형성되지 않았기 때문이다. Adrew Wilson은 "가정연합은 아직 부부리더십이라는 본연의 원리적 양식을 도입하지 못했다."고 지적하면서 그 원인을 "타락한 문화의 잔재를 청산하는데 시간이 소요되기 때문"이라고 하였다.[1] 가부장적 문화를 청산하고 새로운 성평등적 문화를 형성하기 위해서는 시대적 여건이 필요하다는 말이다.

세계평화통일가정연합의 역사를 보면 1992년 문선명 선생이 여성시대를 선포하면서 본격적으로 한학자 총재가 교회의 공적 영역에 등장하게 되었다. 이때 문선명 선생은 "21세기를 앞에 둔 여성들은 그동안 여성의 진정한 가치를 모르는 남성들로부터 바른 대우를 받지 못했"음을 지적하면서 남성 주도하의 역사는 힘에 의해 갈등과 분열, 부조리한 사회를 이루어 왔기에 "인류가 21세기를 소망 속에 맞이하기 위해서는 이제 여성의 역할이 절대적으로 필요"하다며 여성시대를 선포하였다.[2]

---

1   Adrew Wilson, "True Mother's Work in the Years Immediately after True Father's Seonghwa and the Work of the Holy Spirit after Jesus' Death, and Our Responsibility", 『천일국 학원원 창립총회 및 제1회 학술심포지엄 논문집』 (미간행자료, 2016), 223.

2   『평화경』, 970-972.

이후 평화로운 시대를 개척하기 위해 (사)세계평화여성연합을 창설하고 평화세계를 창건하기 위한 여성운동을 활성화하고자 하였다. 세계평화여성연합은 일본 여성 1600명을 평화세계를 이루는 선교사로 선발하여 160개국에 10명 씩 파송하였다. 일본 여성선교사들은 160개국에서 평화를 증진시킬 수 있는 활동을 조사하고 이를 전개하는데 앞장섰다. 특히 개발도상국에서 직업훈련이나 아동교육, 문맹퇴치교육, 여성교육 등의 프로젝트를 전개하고 있다.

여성의 지위는 21세기 개막 이후 더욱 급상승하고 있다. 성평등적 문화를 형성할 수 있는 시대적 여건은 점점 더 형성되어 가고 있기에 세계평화통일가정연합의 성평등적 문화 또한 제도화될 수 있을 것이다.

둘째, 성평등사상을 제도화할 수 있는 준비가 부족했기 때문이다. Tyler Hendricks는 세계평화통일가정연합이 성평등사상을 실천하지 못한 것은 지도자들이 성평등사상을 충분히 이해하지 못하여 가부장제를 극복하기에 부족하였다고 주장하면서 성평등적인 리더십은 어느 날 갑자기 실행되는 것이 아니라 여러 시도를 거쳐 성숙된 제도로 정착되어야 한다는 입장을 나타냈다.[3]

이러한 관점은 종교가 현실사회 안에서 제도화될 때 나타났던 문제이기도 하다. 기존의 사상과 제도를 초월하여 새로운 사상적 지평과 실천을 보였던 종교들이 사회 안에서 제도를 갖추며 정착되어 갈 때 기존의 제도와 상충되는 부분에서 타협하는 경우가 많았던 것이다. 특히 앞에

---

3 Tyler Hendricks, "Comments on Dr. Wilson's paper-The Era After True Father's Seonghwa", 『천일국 학술원 창립총회 및 제1회 학술심포지엄 논문집』 (미간행자료, 2016), 250.

서 제시한 것처럼 기독교의 성평등사상과 그 실천은 기존의 가부장적 사회구조 속에서 성차별적인 방향으로 바뀌어 왔다.

세계평화통일가정연합은 가부장적 사회구조 속에서 여성 지도자의 역할 수행을 위한 제도를 만들지 않았다. 축복결혼 이후 여성 지도자의 역할 변화는 철저하게 개인적인 선택으로 이루어졌다. 즉 교회는 공식적으로 여성이 축복결혼을 하였다고 목회를 비롯한 공적인 역할을 그만두게 하지 않았지만 동시에 여성 지도자가 공적인 역할을 지속적으로 수행할 수 있도록 임신과 출산 등의 과정에서 제도적인 지원을 하지도 않았다. 즉 여성 지도자가 축복결혼 후 임신과 출산, 자녀 양육 등 그 역할 수행에 한계를 가지게 될 때 이를 개인이 해결하도록 하였다. 이러한 문제를 여성 자신의 사적 문제로 인식하고 교회가 공적으로 제도를 마련하거나 지원하지 않았던 것이다.

그러나 여성 지도자의 축복결혼 후 역할 변화는 사적인 영역에서 일어난 개별화된 선택이 아니라 가부장적 사회의 구조 속에 이루어진 결과라고 볼 수 있다. 가정 내에서 여성의 역할은 가부장적 사회구조와 문화의 영향 아래 있었기 때문이다. 여성 지도자의 역할은 축복결혼을 기점으로 한국의 가부장적 사회구조와 문화의 영향을 받아 역할 수행에 한계가 발생, 변화를 경험하게 되었을 때 가정연합은 성평등적 사상을 가지고 있었음에도 불구하고 가부장적 사회구조 속에 놓인 여성의 문제를 어떻게 해결할 것인가 제도와 문화를 구현하는데 한계를 나타냈다. 변화되는 사회구조 속에서 성평등적 문화를 어떻게 구현할 것인가에 대한 진지한 제도적 모색이 이루어져야 한다.

셋째, 교권을 가진 일부 지도자가 남성중심적 인식을 벗어나지 못하기 때문이다. 세계평화통일가정연합은 하나님을 중심으로 남성과 여성이 참사랑으로 부부를 이루어 참된 가정을 이루며 사는 것을 창조이상으로 강조한다. 따라서 남성과 여성의 결혼은 하나님의 축복이며 행복한 가정을 이루는 것은 제일 중요한 과업이다. 여성 지도자들이 축복결혼 이후 공적 영역을 포기하고 가정에서의 역할을 수행한 것은 그만큼 가정의 중요성이 강조되었기 때문이다.

가부장제는 공적 영역인 직장 역할과 사적 영역인 가정의 역할이 상충될 때 남성은 공적 영역인 직장을 선택하고 여성은 사적 영역인 가정을 선택하는 것을 당연시한다. 남성/여성이 공/사로 연결되기 때문이다. 남성과 여성이 평등한 관계를 가진다면 남성/여성이 공/사로 연결되는 것이 아니라 남성과 여성이 공적 영역과 사적 영역의 역할을 함께 수행할 수 있는 제도를 만들어야 한다. 그러나 남성중심적 인식을 가지고 있는 일부 지도자들은 성평등적 사상을 바탕으로 가정의 중요성을 강조하면서 제도를 구현하려고 하기보다 가부장적 관점에서 가족을 위한 여성의 헌신을 일방적으로 강조하게 된다.

이런 상황에 대해 문예진은 "한국 통일운동의 문화가 성차별적인 것은 남성중심의 기독교문화뿐만 아니라 남성과 여성이 본래 불평등하다는 유교의 가르침에 영향을 받은 한국의 남성우월적인 문화의 영향을 받았기 때문"이라고 보면서 "그들은 심각하게 성평등사상을 잘못 이해하고 있으며 하나님과 인간의 성평등을 인정하지 않는 과거의 가부장적 문화를 포기하지 못하고 있다"고 비판하였다.[4]

---

4   문예진, "양성평등 회복의 필요성-하나님을 하늘아버지이자 하늘어머니로 이해하기", 『천일국 학술원 창립총회 및 제1회 학술심포지엄 논문집』(미간행자료, 2016), 62-63.

일부 지도자들의 문제이기는 하지만 이러한 지도자들의 가부장적 인식이 성평등적이면서 가족친화적인 제도를 구현하는데 걸림돌이 되고 있다면 이들의 인식을 전환하기 위해 노력해야 할 것이다.

5. 여성목회 활성화를 위한 제언

가정연합의 미래를 위한 여성목회 활성화는 단순한 성비 균형을 넘어, 보다 포용적이고 지속 가능한 신앙 공동체를 형성하는 핵심 과제이다. 현재 여성 목회자들은 가정연합의 신앙과 가치관을 실천하고 전파하는 데 중요한 역할을 담당하고 있으나, 제도적 한계와 사회적 인식 부족으로 인해 목회 활동에서 다양한 어려움을 겪고 있다. 따라서 여성목회자 할당제, 출산 및 육아휴직제 도입, 여성목회자에 대한 인식 개선 등의 정책적 접근이 필요하며, 이를 통해 가정연합의 목회 리더십이 보다 균형 있고 지속 가능한 방향으로 나아갈 수 있다.

첫째, 여성목회자의 양적인 확대를 위해서 여성목회자 할당제를 도입하는 것이 필요하다. 현재 한국 사회에서는 여성 고용 증진을 위한 다양한 정책이 시행되고 있으며, 공공기관과 기업에서는 일정 비율 이상 여성 인력을 채용하도록 장려하고 있다. 예를 들어, 한국 정부는 여성 관리자 비율을 확대하기 위해 공공기관 및 기업에 대한 여성 인력 채용 목표제를 도입하였으며, 이를 통해 여성 리더십의 기회가 증가하고 있다. 이러한 정책을 교회 내에서도 적용하여 일정 비율 이상을 여성목회자로 임명하는 제도를 시행할 필요가 있다.

더불어 여성목회자의 배출을 확대하기 위해서는 신학을 공부하는 학부생 또는 대학원생 중에서 여성 신학생들에게 리더십과 목회 실무 교육을 강화하는 것이 필수적이다. 또한 여성목회자들이 현장에서 안정적으로 사역할 수 있도록 목회실습 기회를 확대하고, 멘토링 프로그램을 운영하는 것이 필요하다.

또한 여성목회자의 직위를 보장하고 리더십 기회를 확대하는 것이 필요하다. 여성목회자들이 특정 직위로 승진할 수 있는 기회를 제도적으로 보장해야 하며, 교단 내 주요 회의 및 의사결정 기구에서 여성목회자의 참여를 의무화하는 것이 필요하다. 예를 들어 교단과 관련된 중요한 의사결정 과정에 반드시 여성목회자 또는 여성지도자가 참여하여 의견을 개진할 수 있는 여성할당제가 필요하며 교구장, 본부 국장 등의 직위에 여성비율을 정하는 여성할당제를 도입해야 한다. 최소 10%부터 시작하여 최대 30%까지 여성 비율을 단계적으로 높여가는 노력이 있어야 할 것이다.

둘재, 여성목회자들이 출산과 육아로 인해 사역을 중단하는 경우가 많아, 이들이 지속적으로 사역을 이어갈 수 있도록 출산 및 육아휴직제를 도입하는 것이 필요하다. 한국 사회에서는 일과 가정을 병행할 수 있도록 다양한 제도를 시행하고 있으며, 특히 공공기관과 대기업에서는 출산 및 육아휴직을 적극적으로 지원하고 있다. 이러한 정책을 참고하여 교회 내에서도 여성목회자들이 일정 기간 출산 및 육아휴직을 사용할 수 있도록 보장하는 것이 필요하다.

출산 및 육아휴직제의 실효성을 높이기 위해서는 대체 인력 운영 시스템을 마련하는 것이 중요하다. 여성목회자가 출산 및 육아휴직을 사용하는 동안 원로목회자를 배치하여 교회의 목회 공백을 최소화해야 한다. 또한 지역별 협력 시스템을 구축하여, 출산 및 육아휴직 기간 동안 동료 목회자들이 해당 지역을 함께 돌볼 수 있도록 조정하는 방안도 마련할 수 있을 것이다. 여성목회자들이 사역과 가정을 병행할 수 있도록 유연한 근무 환경을 제공하는 것도 필요하다. 자녀 돌봄 지원 시스템을 마련하여 여성목회자들이 보다 안정적으로 사역할 수 있도록 지원하는 것이 바람직하다.

끝으로 여성목회자들이 안정적으로 사역할 수 있도록 하기 위해서는 교회 내 구성원들의 인식 개선이 필수적이다. 참부모신학에 기반하여 여성리더십의 정당성을 강조하는 교육을 제공하여, 식구들이 여성목회자에 대한 이해를 넓힐 수 있도록 해야 한다. 또한 교단 내 세미나 및 워크숍을 통해 여성목회자의 역할과 기여를 조명하는 것이 필요하다.

식구들과의 소통을 강화하기 위해 여성목회자와 식구 간의 정기적인 간담회를 운영하는 것도 효과적일 수 있다. 이를 통해 여성목회자에 대한 신뢰를 형성하고, 식구들이 여성 리더십을 보다 긍정적으로 수용할 수 있도록 해야 한다. 또한 여성목회자의 성공적인 목회 사례를 적극적으로 홍보하여, 교회 공동체 내에서 여성 리더십이 자리 잡을 수 있도록 지원하는 것 또한 필요하다.

여성목회자 간의 네트워크를 형성하고 멘토링 프로그램을 운영하는 것도 중요한 방안이다. 한국기독교장로회에서는 여성목회자 네트워크를 통해 경험과 노하우를 공유하고 있으며, 이는 여성목회자의 역할 확대에 긍정적인 영향을 미치고 있다. 가정연합에서도 여성목회자회를 결성하여 여성목회자 상호 간의 협력과 연대를 강화하고 여성목회자의 고충을 상담하고 지원하는 방안을 마련해야 한다.

가정연합의 미래를 위한 여성목회 활성화는 여성목회자 할당제, 출산 및 육아휴직제 도입, 그리고 여성목회자에 대한 인식 개선 등의 제도적 노력을 통해 실현될 수 있다. 여성 리더십을 체계적으로 육성하고, 여성 목회자들이 안정적으로 사역할 수 있는 환경을 조성하며, 교회 공동체의 인식을 변화시키는 노력이 병행되어야 한다. 한국 사회에서 여성의 경제적·사회적 참여를 촉진하기 위한 정책적 노력이 이루어지고 있는 것처럼, 교회 내에서도 여성 리더십을 강화하는 방향으로 변화가 필요하다. 이를 통해 여성목회자는 실질적으로 교회 내에서 평등하게 기여하고 리더십을 발휘하는 존재로 자리 잡을 수 있을 것이다. 여성목회자의 활성화는 교회의 발전뿐만 아니라, 보다 포용적이고 지속 가능한 신앙 공동체를 형성하는 데 기여할 수 있을 것이다.

6. 미래를 위한 여성목회

한국의 신종교는 격동과 혼란으로 점철되었던 한국 근대사의 흐름 속에서 새로운 사회 질서를 통해 한민족이 처한 고난을 극복하고 평화로운 세계를 이루고 싶은 열망으로 잉태되었다. 구한말 유교적 봉건사회를 넘어 인간의 존엄과 평등, 자유를 얻고자 새로운 종교가 시작되었다면 해방 이후에는 분단과 전쟁이라는 민족의 고통을 넘어 민족의 평화와 통일이라는 열망을 안고 새로운 종교가 탄생하였다.[5]

세계평화통일가정연합은 1954년 한국에서 창립된 신종교로 절망에

---

5   이경원, "한국 근대 증산교단의 민중·민족운동", 『원불교사상과 종교문화』 52(2012), 139-140.

빠져 있던 한민족이 세계의 중심이 된다는 민족적 복음으로 출발하였다. 이러한 복음은 한민족의 암담한 현실 속에서 새로운 비전을 추구하던 지식인들에게 해방의 지평을 제공하였으며 남성에 비해 차별적 위치에 있던 여성들에게 새로운 세계에서 자아를 실현할 수 있는 희망은 안겨 주었다. 특히 기독교의 위계적 이원론에 기반한 남녀이해를 극복하고 하늘부모님과 참부모메시아 사상을 통해 성평등적 지평을 제시하여 교단 창립 초기에 여성들의 헌신적인 참여를 이끌어 냈다. 이러한 여성 지도자들은 교단의 성립과 성장에 큰 원동력이 되었던 것이 사실이다.

그러나 교단 창립 초기에 천명한 성평등사상과 여성 지도자들의 적극적인 역할은 시간이 지남에 따라 성평등적인 제도로 구현되지 못하는 한계를 가졌다. 이러한 한계는 시대적으로 성평등한 제도를 정착할 수 있는 상황이 조성되지 못한 상황 속에서 가부장적 인식을 가진 일부 지도자들에 의해 성평등한 제도를 도입하기 위한 노력이 부족하였기 때문에 발생한 것으로 보인다. 이러한 한계를 극복하고 성평등한 제도를 정착하기 위해서는 가부장적 사회구조 속에서 가정적 역할과 사회적 역할을 양립하기 힘든 여성의 현실을 위한 제도를 교회 내에서 우선적으로 시행하고 가정의 행복을 위해 남성과 여성이 함께 노력하는 문화를 모범적으로 정착해가야 할 것이다. 이를 위한 교단 차원의 적극적인 노력이 필요하다.

더불어 시대의 흐름은 가부장적 사회의 모순을 극복하면서 남성과 여성이 평등하게 가정과 사회에서 역할을 분담하기 위한 방향으로 급격하게 변화되고 있다. 이러한 시대에 자칫 가정의 가치를 강조하면서 성평등적인 제도나 문화를 정착하는 노력을 게을리한다면 가부장적 가치를 옹호한다는 비난을 받는 것은 물론 대중에게 더 이상 새로운 시대의 비전을 주지 못하게 될 것이다.

　10년에 한번씩 한국갤럽에서 실시하는 '한국인의 종교와 종교의식'의 조사결과를 보면 20대 중 종교를 믿는 비율은 2004년 45%에서 2014년 31%로, 10년 동안 14% 감소한 것으로 나타났다.[6] 그동안 젊은 세대가 세계평화통일가정연합에 입교하는 주된 세대였다는 것을 생각할 때 시대의 흐름을 직시하고 남녀가 평등하게 서로를 사랑할 수 있는 성평등 문화를 통해 미래의 희망을 줄 것인가를 심각하게 연구하고 제도화하는 노력이 이루어져야 할 때이다.

6　조현, "젊은 층 이탈로 '종교인구' 비율 줄어", 《한겨레》, 2015. 2. 12.

IX

현대사회와 가정연합 여성신학

1. 21세기에도 여성신학은 필요한가?

지난 2025년 1월 6일 가톨릭교회에서는 사상 최초로 여성 장관이 임명되었다. 시모나 브람빌라 수녀가 교황청의 축성생활회와 사도생활단부(수도회부) 장관으로 임명된 것은 가톨릭 역사에서 여성의 교회내 역할이 점진적으로 확대되고 있음을 보여주는 사례이자 중요한 전환점으로 평가되었다. 그러나 이러한 환영의 목소리에도 불구하고 가톨릭교회에서는 여러 비판의 목소리 또한 존재하였다.

가톨릭교회는 여전히 여성 성직을 인정하지 않으며, 교회법적 논란과 보수적인 반발이 존재하고 있다. 가톨릭은 전통적으로 남성만 성직자로 서품되도록 유지해왔으며, 지금도 수녀는 성직자가 될 수 없다. 신부는 성품성사를 받아 성사의 집전이 가능한 성직자이지만 수녀는 수도 서원을 한 수도자로 성직자가 아니다. 따라서 수녀는 수도회 소속이며 교육과 간호, 사회복지, 선교 활동 등에 집중하며 교계제도 내에서 행정업무를 수행할 수 없다.

이러한 상황에서 수녀가 교황청의 장관에 임명되는 것이 과연 바람직한가 비판이 일고 있으며 일부 보수적인 언론에서는 이번 임명이 "개혁주의자들을 달래기 위한 장식적 임명"에 불과하다는 평가까지 비난까지 나왔다. 가톨릭교회법 제129조는 성품성사를 한 성직자 만이 통치권을 행사할 자격이 있는 사람이 될 수 있다고 규정하기 때문에 여성 장권 임명은 교회법적으로 모순된다는 지적도 있었다.

이런 기사는 21세기를 살고 있는 현대인들에게 많은 생각을 가지게 한다. 남성과 여성 사이의 성차별이 사라지고 있는 현대사회에서도 종교는 여전히 교회 전통 안에서 여성의 가치와 역할을 규정하고 있기 때문이다. 현대사회에서 여성의 법적 권리와 사회적 역할은 과거에 비해 크게 향상되었지만, 종교와 신학의 영역에서는 여전히 가부장적 질서가 깊이 자리 잡고 있다.

여성신학은 이러한 전통적인 해석을 비판하며, 신학적·교회적 차원에서 여성의 역할을 재정립하고자 노력해왔다. 가톨릭뿐만 아니라 개신교의 일부 교단에서도 여전히 여성 목회자의 안수를 금지하고 있으며, 여성의 교회 내 지도력을 제한하는 경우가 많다. 이는 단순히 교회의 운영 방식에 관한 문제가 아니라, 신학적 해석의 문제이기도 하다. 성경이 여성의 역할을 어떻게 묘사하고 있으며, 초대 교회에서 여성들이 어떤 방식으로 활동했는지를 재조명하는 것이 여성신학의 중요한 역할이다.

여성신학은 성경 해석의 다양성을 강조하며, 기존의 남성 중심적 신학에서 벗어나 보다 포괄적이고 균형 잡힌 신학적 시각을 제시한다. 예를 들어, 초기 기독교 공동체에서는 여성들이 적극적으로 지도자로 활동했으며, 바울도 여러 여성 동역자들의 역할을 인정했다. 그러나 시간이 지나면서 교회가 제도화되고 가부장적 구조가 강화되면서 여성의 역할이 점차 축소되었다. 이러한 역사적 과정을 분석하고 교회의 전통을 재해석하는 것이 여성신학의 핵심 과제이다. 최근 여성 리더십 확대 움직임은 이러한 신학적 논의가 실천적 변화를 가져올 수 있음을 보여주는 사례이다.

또한, 현대사회에서 여성신학의 역할은 종교적 차원을 넘어 사회적 문제와도 연결된다. 성차별, 여성폭력, 경제적 불평등, 생태위기 등 다양한 사회적 문제들이 여전히 존재하며, 이러한 문제들에 대한 신학적 대응이 필요하다. 여성신학은 단순히 교회 내 여성의 지위를 논의하는 것이 아니라, 보다 정의롭고 평등한 사회를 만들기 위한 신학적 대안을 제시하는 역할을 한다.

특히 생태여성신학(Ecofeminism)은 여성과 자연이 가부장적 자본주의 체제 속에서 동시에 착취당하고 있음을 지적하며, 지속 가능한 환경과 생태적 정의를 강조한다. 이러한 논의는 신학이 단순히 이론적 연구를 넘어 실천적 운동으로 확장될 수 있음을 보여준다.

가정연합 여성신학 또한 이러한 흐름 속에서 중요한 역할을 담당할 수 있다. 가정연합은 공생공영공의주의에 기반하여 남성과 여성의 조화로운 협력을 강조하며, 가정을 중심으로 한 평화와 공존의 가치를 실현하고자 한다. 여성의 역할을 단순히 교회 내에서 보조적인 존재로 한정하는 것이 아니라, 평화와 조화를 이루는 핵심적인 주체로 인정하는 신학적 관점은 현대의 여러 문제에 대한 새로운 시각을 제시할 수 있을 것이다. 따라서 가정연합의 여성신학은 현대사회의 다양한 문제들에 대해 신학적으로 응답해야 하며, 이를 통해 교회와 사회를 변화시키는 데 기여할 수 있을 것이다.

현대사회에서 여성신학의 역할은 단순히 여성의 권리를 주장하는 것이 아니라, 신학적 기반 위에서 교회의 구조를 변화시키고, 사회적 정의를 실현하는 데 있다. 여성신학이 지속적으로 발전하고 실천될 때, 종교와 사회가 보다 평등하고 조화로운 방향으로 나아갈 수 있기 때문이다. 이 장에서는 현대사회의 여러 문제에 대한 여성신학의 목소리를 정리해봄으로써 이에 대한 가정연합 여성신학이 응답을 모색해보고자 한다.

2. 현대사회가 직면한 문제와 가정연합 여성신학

1) 성차별과 젠더 불평등의 대안

현대사회에서 여성의 법적 권리와 사회적 참여가 확대되었음에도 불구하고, 성별 격차와 젠더 불평등 문제는 여전히 해결되지 않은 과제로 남아 있다. 교회 역시 여전히 이러한 불평등의 구조 안에 있으며, 여성의 목회적 역할과 리더십에 대한 제한이 지속되고 있다. 이에 여성신학자들은 이러한 현실을 극복하기 위해 성경 해석의 재구성과 교회의 젠더 평등 실천을 강조하고 있다.

전통적으로 성경 해석은 남성 중심적인 시각에서 이루어졌으며, 여성의 역할을 가정과 돌봄 영역에 한정짓는 방식으로 이해되어 왔다. 그러나 여성신학자들은 초기 기독교 공동체에서 여성들이 지도자로 활동했던 역사적 사례를 강조하며, 여성 리더십이 본래 성경적 가치와 부합함을 주장한다. 예를 들어, 바울은 로마서 16장에서 여러 여성 지도자들을 언급하며, 여성들이 교회 공동체의 중요한 역할을 수행했음을 기록하였다.

가정연합 여성신학의 관점에서도 여성 리더십의 역할이 강조된다. 가정연합은 남성과 여성의 조화를 이루는 원리 속에서 여성의 리더십을 인정하며, 목회와 가정, 사회 속에서 여성의 적극적인 참여를 독려한다. 가정연합이 보다 적극적으로 여성 목회자를 양성하고 지원한다면 시대를 앞서가는 종교적 모델을 보여줄 수 있을 것이다. 이러한 변화는 단순한 제도적 조치가 아니라 신앙공동체가 하늘부모님을 닮은 평화로운 심정 공동체의 구조와 문화를 형성해가는 과정이 될 것이다.

2) 경제적 불평등에 대한 돌봄과 신학적 접근

현대사회에서 여성들은 노동 시장에서 여전히 다양한 불평등을 경험하고 있다. 아직도 많은 국가에서 여성의 비정규직 비율은 높은 수준을 유지하고 있으며, 동일한 노동을 하고도 남성과 임금 격차를 겪는 사례가 많다. 또한 여성들은 돌봄 노동을 주요하게 담당하고 있으며, 이는 종종 경제적 가치로 인정받지 못한다.

여성신학은 이러한 경제적 불평등 문제를 해결하기 위해 정의와 돌봄의 신학을 강조한다. 성경에서 예수는 종종 '서번트 리더십'을 강조하며, 섬김과 돌봄을 신앙적 가치로 삼았다. 여성신학은 돌봄 노동이 단순히 여성에게 전가되는 부담이 아니라, 사회 전체가 공유해야 할 가치로 인정받아야 한다고 주장한다. 기독교 공동체는 여성의 노동이 존중받고 공정한 보상을 받을 수 있도록 사회적 구조를 개선하는 역할을 수행해야 한다는 것이다.

경제적 불평등은 여성에게만 일어나는 일은 아니다. 사회·경제적 구조 속에서 계급, 지역, 인종, 연령 등에 따라 다양한 집단이 불평등의 영향을 받는다. 특히 저소득층 남성, 장애인, 이주 노동자 등도 경제적 불평등으로 인해 교육과 취업 기회에서 배제되거나 저임금 노동에 종사하는 경우가 많다. 이러한 경제적 불평등 문제를 해결하기 위해서는 단순한 성별 격차를 넘어 보다 포괄적인 접근이 필요하며, 구조적 문제를 분석하고 정책적 대응을 마련하는 것이 중요하다.

이러한 맥락에서 여성신학은 경제적 불평등을 젠더와 교차하는 구조적 억압의 문제로 인식하며, 이를 해결하기 위한 신학적·윤리적 대안을 모색해 왔다. 특히 여성신학자들은 가부장제와 자본주의가 결합하여 여성뿐만 아니라 다양한 사회적 약자들에게 경제적 불평등을 초래하는 방식에 주목하며, 정의롭고 포용적인 경제 질서를 구축하기 위한 신학적 성찰을 지속해왔다. 나아가 여성신학은 협력적 경제 모델, 공동체 기반 경제, 돌봄 경제의 중요성을 강조하며, 사회적 약자를 중심에 둔 정책적·실천적 변화를 촉진하는 역할을 하고 있다.

가정연합의 여성신학은 인간의 본성을 사랑과 공생의 관계 속에서 이해하며, 경제적 불평등이 단순한 구조적 문제를 넘어 하늘부모님의 참사랑에 기반한 인간의 존엄과 공동체적 가치의 문제임을 강조한다. 특히 가정과 사회의 조화를 바탕으로 한 공생의 경제관을 제시하며, 경쟁 중심의 경제 구조가 아닌 참사랑을 중심한 상호 협력과 배려를 기반으로 한 경제모델을 탐색한다. 또한 돌봄 노동의 가치를 정당하게 평가하고, 여성뿐만 아니라 사회적 약자들의 경제적 기여를 인정받을 수 있는 구조를 만들기 위한 실천적 대안을 모색해야 한다. 이를 통해 가정연합의 여성신학은 경제적 불평등을 해소하고, 보다 조화롭고 평등한 사회를 구현하기 위한 신학적·윤리적 방향성을 제시할 것이다.

3) 폭력을 넘는 평화문화 실현

여성들이 직면한 폭력 문제는 여전히 심각한 수준에 있다. 가정폭력과 성폭력은 전 세계적으로 중요한 사회적 문제이다. 선진국의 경우에도 이러한 폭력의 일차적인 피해자는 여성으로, 미디어를 통해 여성의 성이 상품화되어 재생산되고 있으며, 온라인을 통한 성착취는 더욱 확장되고 있다. 특히 디지털 기술의 발전으로 인해 딥페이크, 리벤지 포르노와 같은 새로운 형태의 성폭력이 증가하고 있으며, 이에 대한 법적·사회적 대응이 여전히 미흡한 실정이다.

또한, 분쟁과 전쟁 지역에서는 여성들이 성적 착취와 폭력의 대상이 되는 경우가 많으며, 이는 단순한 개인의 문제가 아니라 국제사회가 해결해야 할 심각한 인권 침해의 문제로 부각되고 있다. 전쟁과 내전이 지속되는 지역에서는 강간이 전술적 무기로 사용되거나, 여성들이 인신매매를 통해 성노예로 착취되는 사례가 빈번하게 발생하고 있다. 특히 난민 캠프와 피난처에서도 여성과 아동을 대상으로 한 성폭력이 보고되고 있으며, 법적 보호 장치가 미비한 상황에서 피해자들은 더욱 취약한 위치에 놓인다. 이러한 문제는 단순한 폭력 사건이 아니라 여성의 인권과 존엄성을 체계적으로 침해하는 구조적 문제이며, 국제사회는 이를 방관하지 않고 적극적인 개입과 지원을 통해 해결해야 한다.

폭력은 단순히 물리적인 형태로만 나타나는 것이 아니라, 불평등한 사회 구조와 억압적인 문화 속에서 지속적으로 작동한다. 여성신학은 이러한 구조적 폭력 문제에 적극적으로 개입하여, 폭력 피해자들을 돕고, 억압적인 사회·경제·문화적 구조를 변화시키는 신학적 대안을 제시하고 있다. 성경은 여성의 존엄성을 강조하며, 정의와 보호의 가치를 제시한다. 여성신학자들은 이러한 성경적 가르침을 바탕으로, 교회가 성폭력 피해자들에게 안전한 공간을 제공하는 것을 넘어, 구조적 폭력을 심화시키는 가부장적 문화와 제도를 개혁해야 한다고 주장한다. 교회는 성폭력 예방 교육과 피해자 지원 네트워크를 강화하는 한편, 사회 전반에서 여성들이 동등한 권리를 누리며 자유롭게 참여할 수 있는 문화를 조성해야 한다.

가정연합의 여성신학 역시 물리적 폭력의 문제를 해결하는 것을 넘어, 구조적 폭력을 근절하여 평화를 실현하는 새로운 심정문화를 만들어갈 수 있는 대안을 제시해야 한다. 가정연합 여성신학은 가정이 참사랑을 중심한 심정공동체의 중심이 되는 만큼, 건강한 가정 환경이 조성되어야 사회 전체의 평화로 연결될 수 있다. 이를 위해 가정연합은 부부 교육, 가정 상담, 예방적 프로그램을 확대하는 것뿐만 아니라, 가정 내 성 역할의 고정관념을 탈피하고, 서로 존중하고 협력하는 문화를 확산하는 것이 중요하다. 이를 위해 가정연합 여성신학은 가정과 사회가 경쟁과 지배가 아닌 공생공영공의주의를 중심한 심정공동체가 될 수 있도록 대안을 모색하고 실천적 제언을 해야 할 것이다.

4) 생태위기를 위한 여성신학

기후위기와 환경 파괴는 현대사회에서 가장 시급한 문제 중 하나이며, 특히 여성과 취약 계층이 그 영향을 더욱 직접적이고 심각하게 받고 있다. 가뭄, 홍수, 산불, 폭염 등 기후 변화로 인한 자연재해는 농업과 생계에 의존하는 저소득층과 지역사회에 더 큰 타격을 주며, 여성들은 전통적으로 가정과 지역사회의 돌봄 역할을 수행하는 과정에서 식량 부족, 물 부족, 위생 문제 등의 어려움에 직면한다. 또한, 기후 변화로 인해 발생하는 이주와 난민 문제에서도 여성과 어린이들은 성폭력, 인신매매, 건강 악화 등의 위험에 더욱 노출되며, 법적 보호와 지원이 부족한 상황에서 취약한 위치에 놓인다. 이러한 문제를 해결하기 위해서는 기후위기에 대한 정책적 대응뿐만 아니라, 사회적 불평등을 고려한 포괄적인 환경 정의(Environmental Justice) 접근이 필요하다.

생태여성신학은 자연과 여성의 관계를 강조하며, 환경 보호와 여성의 권리를 함께 논의하는 신학적 접근을 제시하였다. 전통적인 신학이 인간 중심적 사고를 기반으로 자연을 지배와 착취의 대상으로 간주해 온 것에 반대하며, 자연과 인간이 상호 의존적인 관계 속에서 조화를 이루어야 함을 강조한 것이다. 특히 맥훼이그(Sallie McFague)와 같은 생태여성신학자들은 가부장적 자본주의 체제가 자연과 여성의 착취를 동시에 강화해 왔음을 지적하며, 이를 극복하기 위한 대안적 신학 모델을 제안하였다.

맥훼이그는 전통적인 기독교 신학이 신을 초월적이며 남성적 이미지로 형상화하면서, 자연과 여성, 그리고 육체성을 폄하하고 지배의 대상으로 만들어 왔다고 비판한다. 이에 반해 그녀는 신을 '우주적 몸'(the world as God's body)으로 이해하는 신학적 패러다임을 제시하며, 신과 창조 세계가 분리된 것이 아니라 밀접하게 연결되어 있음을 강조하였다. 이러한 관점은 자연을 단순한 자원이 아니라, 신적 의미를 지닌 존재로 바라보게 하며, 인간이 자연을 돌보고 책임져야 할 도덕적·영적 의무를 지니고 있음을 시사한다.

생태여성신학은 지속 가능한 사회를 만들기 위해 생태적 책임을 강조하며, 환경 보호가 단순한 사회적 의제가 아니라 신학적 과제임을 주장하였다. 여성신학자들은 기후위기, 환경오염, 생물 다양성 감소 등의 문제가 단순한 기술적·경제적 문제가 아니라 정의와 윤리의 문제라는 점을 강조하며, 교회와 신앙 공동체가 적극적으로 환경 보호에 나설 것을 촉구하였다. 또한, 여성과 지역 공동체가 중심이 되어 환경 정의(Environmental Justice)를 실현할 수 있도록 돌봄 경제, 지역 기반 생태운동, 지속 가능한 생활 방식 등을 실천하는 것이 중요하다고 주장한다.

가정연합 여성신학도 자연과 조화를 이루는 삶의 방식에 대한 신학적 대안을 모색해야 한다. 공생공영공의주의는 인간과 자연이 조화를 이루며 살아가는 삶을 제시하며, 이를 통해 지속 가능한 평화로운 사회를 만들 수 있음을 강조한다. 이러한 관점에서 가정연합의 여성신학은 환경 보호가 단순한 선택이 아니라 신앙적 실천의 일부이며, 창조 세계에 대한 책임 있는 태도를 요구한다는 것을 명확히 밝혀야 할 것이다.

특히 가정은 인간 삶의 기본 단위이자 신앙의 실천이 시작되는 공간이므로, 환경친화적인 생활방식과 지속 가능한 소비 습관을 형성하는 데 중요한 역할을 할 수 있다. 이에 따라 가정연합 여성신학은 생태적 돌봄(ecological care)의 개념을 확장하여, 가정 내에서부터 자연과 공생하는 문화를 형성하고, 다음 세대에게 환경 윤리를 교육하는 것이 필수적임을 강조해야 한다.

또한, 여성들은 전통적으로 가정과 지역사회의 돌봄 역할을 수행해 왔으며, 이러한 경험은 환경 보호와 지속 가능성을 위한 실천적 대안으로 연결될 수 있다. 따라서 가정연합 여성신학은 환경 정의(environmental justice)와 생태적 책임(ecological responsibility)을 신학적 가치로 정립하고, 교회와 지역 사회가 협력하여 지속 가능한 삶의 방식을 모색하는 실천적 신학을 구축해야 한다. 이러한 노력을 통해 가정연합은 인간과 자연이 조화를 이루며 살아가는 이상적 공동체의 실현에 기여할 수 있을 것이다.

3. 가정연합 여성신학의 실천적 과제

1) 신학적 연구를 넘어서 사회적 실천으로

현대 여성신학은 단순히 신학적 이론을 탐구하는 것에 그치는 것이 아니라, 실제 사회적 실천으로 이어지는 신학을 추구하고 있다. 신학이 특정한 이론이나 교리 체계로만 머물 경우, 현실에서 여성들이 겪는 차별과 불평등을 극복하는 데 충분한 역할을 하지 못할 가능성이 크기 때문이다. 따라서 여성신학은 현실적인 사회 문제에 적극적으로 개입하며, 이를 해결하기 위한 실천적 대안을 마련하고자 노력해 왔다.

여성신학은 신학적 논의를 사회적 실천으로 이어가기 위해, 신학적 논의가 신앙공동체의 문화와 구조를 변화시키는 데 기여할 수 있도록 끊임없는 도전을 이어왔다. 교회 내에서 여성의 역할을 확대하고, 신학 교육에서 여성 신학적 관점을 강화하고자 하였으며 여성들이 신앙을 실천하는 방식에도 영향을 미치고자 대안을 모색하였다. 이러한 노력은 개인적인 차원을 넘어 교회와 사회를 변화시키는 힘이 되어 왔으며, 실천적 프로그램과 활동을 통해 신앙 공동체 내에서 여성의 존재와 기여를 적극적으로 인정받을 수 있도록 문화적 변화를 일으켜 왔다.

가정연합 여성신학은 신학적 연구와 실천의 조화를 지향해야 한다. 이는 단순히 여성의 역할을 신학적으로 조명하는 데 그치는 것이 아니라, 신앙 공동체 내에서 여성의 기여가 적극적으로 반영되고 실천될 수 있도록 구조적 변화를 모색하는 것을 의미한다. 특히 가정연합이 강조하는 공생공영공의주의적 가치와 연결하여, 여성들이 가정과 사회에서 평등한 파트너로서 존중받으며 공동체 발전에 기여할 수 있도록 신학적 기반을 확립해야 한다.

이를 위해 첫째, 신학 교육에서 여성신학적 관점을 강화하고, 여성들이 신학적 논의에 적극적으로 참여할 수 있도록 교육과 연구의 기회를 확대해야 한다. 가정연합 내 신학 교육과정에서 여성의 역할과 기여를 조명하는 과목을 개설하고, 여성 지도자 양성을 위한 프로그램을 운영함으로써 실질적인 변화를 만들어갈 수 있다.

둘째, 교회 내 의사결정 구조에서 여성의 참여를 확대하는 것이 중요하다. 가정연합이 신앙공동체로서 지속적인 발전을 이루기 위해서는 여성들이 단순히 보조적인 역할에 머무르는 것이 아니라, 주요 의사결정 과정에서 적극적인 역할을 할 수 있도록 구조적인 개혁이 필요하다. 이를 통해 신앙 공동체 내에서 여성의 역량이 더욱 인정받고, 보다 평등한 협력적 관계가 형성될 수 있을 것이다.

셋째, 실천적 신앙을 통해 사회적 변화를 촉진해야 한다. 여성신학은 단순한 이론적 논의가 아니라 신앙과 삶을 연결하는 실천적 신학이어야 하며, 가정연합 여성신학 역시 이를 실현할 수 있는 다양한 프로그램을 개발해야 한다. 예를 들어, 여성의 경제적 자립을 지원하는 교육, 돌봄

노동의 가치를 인정하는 사회적 캠페인, 가정 내 평등한 역할 분담을 장려하는 신앙적 실천 등을 추진할 수 있다.

가정연합 여성신학은 신학적 연구를 바탕으로 교회와 사회의 문화를 변화시키는 실천적 역할을 수행해야 하며, 이를 통해 신앙공동체가 더욱 포용적이고 조화로운 방향으로 나아갈 수 있도록 기여해야 한다.

2) 교회와 사회에서 여성 리더십 확대

여성 리더십의 확대는 현대 여성신학이 해결해야 할 중요한 과제 중 하나였다. 이는 단순히 여성들이 목회자로서 활동하는 것에 그치지 않고, 교회 행정, 신학 연구, 사회운동 등 다양한 영역에서 여성들의 역할을 강화하는 방향으로 나아가고자 하였다.

여성목회자 안수 문제는 오랫동안 논란이 되어 왔으며, 현재 일부 개신교 교단에서는 여성 안수를 허용하고 있다. 그러나 여전히 많은 교단에서 여성 목회자의 역할이 제한되고 있으며, 여성의 신학적 리더십이 충분히 인정받지 못하는 상황이다. 따라서 여성신학은 이러한 불평등한 구조를 개선하고, 여성들이 교회 내에서 보다 적극적인 역할을 수행할 수 있도록 지속적인 도전을 하고 있다.

또한, 교회 행정과 신학 연구에서도 여성의 참여를 확대해 왔다. 여성신학자들은 여성들이 교회의 의사결정 과정에 참여하고, 신학 연구에서 보다 중요한 역할을 할 수 있도록 지원하는 정책을 입안할 수 있도록 신학적 연구와 정책적 제언을 지속적으로 해왔다.

가정연합 여성신학 또한 남성과 여성이 협력하여 교회를 운영하는 방식에 주목하며, 여성들이 교회 내에서 리더십을 발휘할 수 있도록 적극적으로 지원하는 방향으로 발전해야 한다. 이를 위해, 가정연합은 참부모신학에 기반하여 남성과 여성이 평등한 협력 관계를 이루고, 신앙 공동체 내에서 조화롭게 역할을 수행할 수 있는 구조를 마련해야 한다.

첫째, 여성 리더십의 제도적 보장이 필요하다. 여성들이 교회 운영과 의사결정 과정에서 실질적인 역할을 할 수 있도록 제도적 장치를 마련하고, 기존의 가부장적 구조에서 벗어나 보다 평등한 의사결정 시스템을 구축해야 한다. 이를 위해 여성 지도자 양성을 위한 교육 프로그램을 확대하고, 교회 내 여성 리더의 비율을 높이는 정책을 수립할 필요가 있다.

둘째, 여성 목회자와 신학 연구자들의 역량 강화가 이루어져야 한다. 여성들이 신학적 연구와 목회 활동에서 중심적인 역할을 수행할 수 있도록 연구 지원, 장학금 제공, 신학교 내 여성 교수진 확대 등의 정책을 추진해야 한다. 또한, 여성 목회자들이 교단 내에서 인정받고 안정적으로 사역할 수 있도록, 여성 안수 문제에 대한 신학적 논의를 심화하고, 이를 바탕으로 제도적 변화를 이끌어야 한다.

셋째, 여성의 역할을 확장하는 실천적 신앙운동이 필요하다. 여성들이 교회 내에서 행정, 교육, 상담, 사회봉사 등의 다양한 영역에서 리더십을 발휘할 수 있도록 기회를 제공하고, 이를 통해 신앙공동체 전체가 보다 포용적이고 균형 잡힌 방향으로 성장할 수 있도록 해야 한다. 또한, 신앙 교육 과정에서 젠더 평등과 협력의 가치를 강조하여, 다음 세대가 보다 평등한 시각을 갖고 교회를 운영할 수 있도록 기초를 마련해야 한다.

가정연합 여성신학은 남성과 여성의 조화로운 협력을 바탕으로 교회와 사회의 변화를 이끌어야 하며, 이를 위해 신학적 연구뿐만 아니라 제도적 개혁과 실천적 활동이 함께 이루어져야 한다. 이러한 노력을 통해 여성 리더십이 강화되고, 교회 공동체가 보다 평등하고 조화로운 방향으로 나아갈 수 있을 것이다.

3) 다음 세대를 위한 교육과 평등한 신앙 문화 정착

여성신학은 지속적인 발전을 위해 젊은 세대에게 성평등 신학을 교육하고, 지속 가능한 교회 문화를 만들기 위한 실천적 대안을 마련하고자 노력해왔다. 현재 젊은 세대는 이전 세대보다 더욱 성평등과 인권 문제에 민감하며, 교회 내에서 보다 평등한 환경을 원하고 있다. 따라서 여성신학은 젊은 세대의 요구를 반영하여, 보다 개방적이고 포용적인 신앙 공동체를 만들고자 다양한 시도를 하고 있다.

가정연합 여성신학은 평등한 신앙 문화를 정착시키기 위해 가정과 교육 기관에서부터 성평등 신학을 가르치는 것이 중요하다고 본다. 가정 내에서부터 남성과 여성이 협력하는 문화를 조성하고, 교회 내에서 여성의 역할이 자연스럽게 확대될 수 있도록 하는 것이 필요하다. 이를 위해 가정연합은 다음 세대를 위한 교육 프로그램을 개발하고, 젊은 세대가 신앙을 바탕으로 성평등한 가치를 실천할 수 있도록 다양한 활동을 지원해야 한다.

4. 결론: 여성신학이 제시하는 희망과 대안

현대사회에서 여성신학은 단순히 여성의 지위 향상을 위한 담론을 넘어, 정의, 평화, 지속 가능성이라는 보다 광범위한 사회적 가치와 연결되는 중요한 신학적 흐름으로 자리 잡아가고 있다. 성차별, 경제적 불평등, 폭력, 생태위기, 디지털 사회의 젠더 문제 등 현대사회가 직면한 다양한 문제들에 대해 여성신학은 신앙적·신학적 해석을 통해 의미 있는 대안을 제시할 수 있다. 또한, 여성신학은 신학적 사유를 넘어서 실천적 신학으로 발전하며, 개인의 신앙과 사회의 변화를 동시에 이끌어야 한다는 책임을 가지고 있다.

여성신학은 무엇보다도 성평등을 신앙적 가치로 강조하며, 교회와 신학적 전통 안에서 여성의 역할을 확대하는 데 기여해왔다. 그러나 여전히 일부 교단에서는 여성 목회자 안수를 허용하지 않으며, 여성 리더십이 충분히 인정받지 못하는 경우가 많다. 이에 따라 여성신학은 교회 내 성평등 실현을 위한 지속적인 노력이 필요하며, 이를 위한 신학적 연구와 실천적 운동이 병행되어야 한다. 가정연합 여성신학 또한 이러한 흐름 속에서 여성들이 목회, 신학 연구, 교회 행정 등 다양한 분야에서 주도적인 역할을 수행할 수 있도록 지원하는 방향으로 발전해야 한다.

또한, 여성신학은 단순한 교회 개혁의 차원을 넘어 사회 정의와 평화 실현을 위한 신학적 실천을 강조한다. 성경에서 정의와 평화는 신앙의 핵심적인 가치이며, 이를 현대사회에서 실현하기 위해서는 젠더 정의뿐만 아니라 경제적 불평등과 폭력 문제에 대해서도 적극적으로 대응해야 한다. 여성신학은 성경이 강조하는 돌봄과 연대의 가치를 바탕으로, 사회적 약자와 함께하는 신앙적 실천을 제안해야 한다. 특히, 생태여성신학은 환경 문제와 여성의 권리가 상호 연결되어 있음을 강조하며, 지속 가능한 사회를 위한 신학적 해석과 실천을 제공하고 있다.

여성신학의 미래를 위해서는 국제적 연대와 협력이 더욱 강화될 필요가 있다. 전 세계적으로 여성들이 직면한 문제들은 유사한 구조적 요인에서 비롯된 경우가 많으며, 따라서 이를 해결하기 위해서는 국가와 교단을 초월한 협력이 필수적이다. 여성신학자들은 서로의 연구를 공유하고, 공동의 실천 방안을 모색하며, 연대의 힘을 통해 보다 큰 변화를 이끌어내야 한다. 가정연합 여성신학 또한 공생공영공의주의의 원칙을 바탕으로 국제적 협력을 강화하며, 전 세계 여성 신학자들과 연대하여 지속 가능한 평화와 정의를 실현하는 데 기여해야 한다.

한편, 여성신학이 실질적인 변화를 만들어내기 위해서는 다음 세대를 위한 교육이 필수적이다. 젊은 세대에게 성평등 신학을 교육하고, 신앙 공동체 안에서 평등한 문화가 정착될 수 있도록 하는 것은 여성신학이 지속적으로 추구해야 할 중요한 과제이다. 신학 교육 기관과 교회는 여성신학의 가치를 적극적으로 가르치고, 젊은 여성들이 신학 연구와 목회 활동에 참여할 수 있도록 지원해야 한다. 또한, 남성과 여성 모두가 성평등적 가치관을 형성할 수 있도록 신앙 교육을 개편하고, 보다 포용적인 신앙 공동체를 형성하는 데 힘써야 한다.

여성신학은 교회와 사회의 변화를 이끌어가는 실천적 신학이어야 한다. 단순히 여성의 권리를 주장하는 것이 아니라, 정의롭고 평등한 사회를 실현하는 데 기여하는 것이 여성신학의 궁극적인 목표이다. 이를 위해 교회는 젠더 정의를 실현하는 공간이 되어야 하며, 사회적 책임을 다하는 공동체로서 역할을 수행해야 한다. 여성신학은 신앙의 본질적 가치를 바탕으로, 시대의 변화에 맞는 신학적 응답을 제시하며, 교회와 사회가 함께 발전할 수 있는 길을 모색해야 한다.

결론적으로, 여성신학은 단순한 '여성 문제'가 아니라, 정의, 평화, 지속 가능성의 문제와 연결되는 중요한 신학적 흐름으로 자리 잡고 있다. 앞으로 여성신학이 신학적 연구와 실천적 활동을 병행하며, 사회 변화를 이끄는 신학으로 자리 잡기 위한 노력이 지속되어야 한다. 가정연합 여성신학은 이러한 흐름 속에서 공생공영공의주의를 실천하며, 평화롭고 정의로운 신앙 공동체를 형성하는 데 중요한 역할을 수행해야 한다. 이를 통해 여성신학은 미래에도 지속적으로 발전하며, 교회와 사회의 변화에 기여하는 실천적 신학으로 자리매김할 것이다.

X
천일국시대와 여성주의

1. 심화되는 젠더갈등

2021년 지방자치단체장 보궐선거에 이어 2022년 실시된 제20대 대통령선거에서 '이대남'으로 불리는 '20대 남성' 유권자들의 표심이 한동안 화제가 되었다. 이들은 당시 집권여당이었던 한 정당이 여성 유권자를 의식하여 페미니즘 정책을 펼친 것에 반발하여 야당을 선택한 것으로 분석되었다. 남성이 여성보다 사회나 국가로부터 특혜나 우대받은 것이 없는데도 불구하고 여성을 여전히 사회적 약자로 보고 남성을 기득권자로 규정하는 페미니즘 정책을 펼친 것에 반감을 가졌다는 것이다.[1]

이러한 분석에 많은 국회의원들이 여성징병제 도입, 취업의 군가산점 부활 등 20대 남성을 위한 정책을 발의하였고 한 대선 후보는 주요 선거

---

[1] 손국희, 「페미 올인해 與 졌다는 이준석, "20대남 특권 누린 적 없다"」, 『중앙일보』 2021.4.12. https://v.daum.net/v/20210412050145352 (검색일: 2023.9.5.).

공약으로 여성가족부 폐지를 제시하기도 하였다. 이에 반발한 20대 여성들이 반대 진영의 대선후보를 지지하면서 20대 유권자들이 남성과 여성의 성별에 따라 극명하게 다른 정당을 선택하는 젠더정치 현상까지 나타났다. 이러한 현상은 한국 선거에서 처음으로 나타나는 현상이었다.

젠더갈등을 넘어 젠더정치로 심화되는 그 근원에는 한국 사회의 남녀평등에 대한 인식의 차이가 있다. 20대의 대다수 남성들은 오랜 여성운동의 결과 여성들이 이미 남성과 동등한 참정권 보장, 교육과 취업의 기회보장, 유산상속 등의 가족법 개정 등을 이루어냈다고 주장한다. 2000년대 한국 사회는 남녀차별이 사라진 사회라는 것이다. 그 근거로 2009년 이후 여성이 남성보다 대학진학률이 높게 나타나고 있는 현상을 제시한다.[2]

그러나 여성들은 대학 졸업 후 취업과 결혼, 출산과 육아 등에서 여전히 여성 차별적인 요소가 많이 남아 있다고 주장한다. 대학 졸업 후 여성은 취업 등 사회진출에 있어 제약을 받고 있다는 것이다. 여성이 대학에 더 많이 입학하고 있지만 2021년 기준 취업률에서 남성 대졸자가 69.5%, 여성 대졸자는 66.1%로 남성이 3.4%로 높게 나타난다.[3] 이후 남녀의 격차는 더 커진다. 2022년 경제활동참가율은 남성 73.5%, 여성 54.6%이며 남성임금 대비 여성임금수준은 70%로 저임금근로자 비율이

---

2 2009년 여성의 대학진학률은 82.4%로 남성 81.6%보다 높게 나타났으며 이후 5-7% 정도 높은 수준을 유지하고 있다. 정진호, 「30대 '워킹 우먼' 70% 첫 돌파...젊은 여풍, 건설업에도 분다」, 『중앙일보』 2023.8.9. https://www.joongang.co.kr/article/25183475 (검색일: 2023.9.5.).

3 교육부·한국교육개발원, 『2021 고등교육기관 졸업자 취업통계조사』, https://kess.kedi.re.kr/pub l/publFile/pdfjs?survSeq=2022&menuSeq=3645&publSeq=58&menuCd=95641&itemCode=02&menuId=1_1_1&language=en (검색일: 2023.9.10.).

남성에 비해 1.9배 높다. 또한 1000명 이상 기업의 임원 가운데 여성비율은 12.4%에 불과하다.[4] 결혼 후 출산과 육아를 담당하면서 여성의 경제 참여율이 떨어지기 때문이다. 자녀 육아를 마친 여성들이 재취업을 하기 원하지만 경력단절 여성의 고용은 쉽지 않은 상황이다. 이런 상황에서 비혼을 선택하거나 출산을 거부하는 여성들이 증가하고 있다.

이렇게 남성혐오와 여성혐오가 충돌하는 젠더갈등의 대안은 무엇인가? 본 연구는 성평등에 대한 상황분석과 대안을 논의해온 포스트페미니즘의 논점을 고찰하고, 보다 근본적인 관점에서 이러한 논점에 대해 참부모신학적 대안을 제시함으로써 천일국시대 여성주의의 방향을 전망해보고자 한다. 포스트페미니즘은 페미니즘이 추구하던 목표인 양성평등이 이미 이루어졌다고 전제하고 기존의 페미니즘 이후의 논의를 전개하는 논의로, 페미니즘에 대한 부정적 의미를 포함하는 탈(脫)페미니즘 또는 반(反)페미니즘부터 제4물결 페미니즘 또는 네오 페미니즘 등 페미니즘 이후의 페미니즘을 포괄하고 있다.[5] 그 의미가 아직 확정되지 않고 논쟁적인 부분이 있으나 페미니즘에 대한 부정 또는 보완, 환기 등 현재 논의되고 있는 페미니즘과 관련된 여러 담론들을 포괄하고 있기에 본 연구에서는 포스트페미니즘의 논점을 정리하고 이에 대한 대안을 탐구하는 것으로 천일국시대 여성주의 논의의 지평을 열고자 한다.

이러한 연구는 "통일사상은 통일운동 및 여성해방운동의 이념인 바,

---

4   여성가족부, 『2023년 통계로 보는 남녀의 삶』, https://www.mogef.go.kr/kor/skin/doc. html?fn=6f515a70ac254aa9b653bc1f8a6f78ab.pdf&rs=/rsfiles/202309/ (검색일: 2023.9.10.).
5   조선정, 「포스트 페미니즘과 그 불만: 영미권 페미니즘 담론에 나타난 세대론과 역사쓰기」, 『한국여성학』 30(4) (2014): 48.

하나님주의 또는 두익사상이라고도 불리운다'[6]라고 명시되어 있음에도 불구하고 하늘부모님성회 세계평화통일가정연합(이하 가정연합) 내에서 여성해방, 성평등, 페미니즘 등을 타락한 세계의 잘못된 남녀관계로 규정하는 등[7] 여성해방 또는 페미니즘에 대해 제기되는 논란을 학문적으로 정리하는 시도가 될 수 있을 것이다.

2. 포스트페미니즘의 이해

1) 페미니즘의 흐름

포스트페미니즘은 페미니즘에 포스트(post)을 붙임으로서 '페미니즘 이후'라는 사전적 의미를 가지며 페미니즘이 추구하는 목표인 양성평등 이후를 논의한다는 의미를 포괄하고 있다. 그러나 페미니즘이 하나의 개념으로 통칭할 수 없듯이 포스트페미니즘 역시 하나의 개념으로 정의 내리기에는 여러 한계가 있다.

포스트페미니즘의 여러 논의를 개관하기 전에 페미니즘에 대한 이해를 정리하기 위해 본 연구는 먼저 물결 페미니즘을 중심으로 페미니즘의 흐름을 개괄적으로 정리하고자 한다. 물결 페미니즘이란 19세기부터 현재까지 페미니즘을 하나의 흐름으로 나타내기 위해 마사 레어(Martha

---

6   통일사상연구원, 『통일사상요강』 (서울: 성화출판사, 1997), 2.
7   김영휘, 『섭리의 진실』 (서울: 문영, 2022), 145. "타락한 죄악세계는 하나님의 아들과 딸의 창조질서와 사랑의 관계가 잘못된 것으로 규정하고 남존여비, 남녀차별 등으로부터 여성해방, 페미니즘, 양성평등, 성평등, 동성애에 이르기까지 사탄이 주관하는 죄악세계를 구원하는 것은 이 잘못된 남녀관계에서 창조본연의 질서를 바로잡는 것이다."

Lear)가 사용한 용어이다.[8] '물결(wave)'이라는 용어가 다양한 페미니즘을 하나의 흐름으로 규정하게 만든다는 비판과 각 단계를 선형적인 발전으로 이해하게 한다는 비판 등 여러 지적이 있으며 제1물결 페미니즘부터 제4물결 또는 제5물결 페미니즘까지 학자들마다 시대구분에 대해서도 이견이 있으나 페미니즘의 시대적 흐름에 대한 이해를 돕기 위해 본 연구는 이 용어를 사용하고자 한다.

제1물결 페미니즘은 19세기부터 여성의 참정권과 사유재산권, 교육권 등 법적인 권리를 확보하기 위한 운동으로 자유주의 페미니즘으로 대표된다. 이들은 이성적이고 자율성을 가진 인간은 합리적 선택이 가능하다는 자유주의에 기초하여, 여성도 남성과 동등한 이성을 가진 존재로서 법적으로 동등한 권리를 보장받으면 사회의 일원으로 역할을 담당할 수 있다고 주장하면서 이를 위해 여러 투쟁을 전개하였다. 이들의 노력으로 여성은 남성과 동등한 법적 권리를 보장받게 되었다.

이후 제2물결 페미니즘은 1960년대부터 1980년대까지 가정과 직장, 학교 등에서 여성들이 받는 성차별과 억압을 개정하기 위해 노력하였다. 이들은 법적 평등이 이루어졌지만 아직 여성의 현실은 성차별적이라고 지적하면서 '개인적인 것이 정치적인 것이다(The personal is political)'를 모토로 사회적 차별과 억압을 제거하고자 노력하였다. 이 시기에는 여성억압의 원인이 성차에서 비롯된다고 보고 임신, 출산, 수유 등 여성의 생물학적 특수성을 거부하는 급진주의 페미니즘과 가부장제가 자본주의에 종

---

8   Martha W. Lear, "The Second Feminist Wave," New York Times 1968.5.10. https://
     www.nytimes.com/1968/03/10/archives/the-second-feminist-wave.html (검색일:
     2023.9.8.).

속되어 있다고 비판한 사회주의 페미니즘, 여성의 독자적인 문화를 재평가하고 발전시키려는 문화주의 페미니즘 등 다양한 페미니즘이 등장하였다.[9]

제3물결 페미니즘은 1990년대에 대두된 페미니즘으로 제1, 2물결 페미니즘이 백인 중산층 여성을 중심으로 전개되었던 한계를 비판하면서 인종과 국가, 종교와 민족, 계층과 문화 등에 따라 다양한 여성의 경험과 시각이 반영되어야 한다고 주장하였다. 이 시기 페미니즘은 개인의 경험에 더 비중을 두었으며 다의성을 포용하고 정치적 접근을 거부하면서 연대와 결속을 강화하고자 하였다.[10] 여성성의 긍정, 미디어의 여성 재현에 대한 분석, 성폭력에 대한 문제제기 등을 진행하였으며 포스트모던페미니즘, 포스트페미니즘 등 다양한 이론들이 논의되었다.

제4물결 페미니즘은 2010년 이후 등장한 페미니즘으로 디지털 환경을 기반으로 소통하고 행동하는 페미니즘으로 온라인페미니즘이라고도 한다. 개성과 다양성을 가지고 있는 다중으로서의 여성은 디지털 기술을 가지고 다양한 온라인 공간에서 개인의 경험을 정치적인 것으로 생산해낸다.[11] 이들은 하나의 단결된 목소리를 내거나 정체성을 공유하지 않고 정치적인 이슈에 대해 같이 소통하면서 움직이는 운동성을 가지고 있으며 현재의 요구에 응답하면서 유동적으로 형성되는 동시대성을 가지고 있다. 여성들은 공론장에 자신의 목소리를 내면서 담론을 생산하고 주체

---

9   조선정, 51.

10   Claire R. Snyder, "What Is Third-Wave Feminism? A New Directions Essay," Signs 34(1) (2008): 175-176

11   이순주, 「제4물결 페미니즘을 넘어: 아르헨티나페미니즘의 확산」, 『이베로아메리카연구』 31(1) (2020): 99-101.

로서 행동하는 것이다.[12]

2) 포스트페미니즘의 전개

포스트페미니즘은 제3물결부터 등장하여 제4물결 페미니즘까지 논의가 이어지고 있으나 페미니즘의 성취 이후를 논의하는 페미니즘이라는 의미에서는 제1물결 이후부터 등장하였다고 할 수 있다. 포스트페미니즘의 개념을 페미니즘의 역사적 전개 속에서 정리해보고자 한다.

첫째, 포스트페미니즘은 '페미니즘 이후의 페미니즘'이라는 의미로 사용되었다. 페미니즘이 추구하는 목표가 이루어진 이후의 페미니즘이라는 의미로 이미 1918년 영국에서 여성참정권이 주어진 후 포스트페미니즘이라는 용어가 등장하였다. 초기 페미니스트들은 법적인 평등을 목표로 했기 때문에 남성과 여성의 동등한 교육의 기회 보장과 참정권 등이 법적으로 보장받기 위해 많은 운동을 하였다. 그리고 이러한 법이 제정되자 페미니즘의 시대는 끝났으니 남성과 여성을 구분하여 투쟁하는 시대에서 개인의 삶에 더 관심을 가져야 한다는 주장이 제기되었던 것이다.[13]

그러나 이렇게 남성과 여성의 동등한 법적 권리가 보장되었지만 1960년대 페미니즘은 사회운동으로 다시 대두되었다. 1963년 프리단(Betty Friedan)은 중산층 여성들이 여성의 삶을 살면서 이름 없는 병, 즉 우울증을 앓고 있다고 지적하면서 법적인 평등은 형식적인 평등에 불과하며 가부장제의 억압은 여전히 여성의 삶을 구속하고 있다고 문제를 제기한 것

---

12 김은주, 「제4물결서 온라인-페미니즘: 동시대 페미니즘의 정치와 기술」, 『한국여성철학』 31(2019), 26.
13 조선정, 51.

이다. 이후 가사노동과 가정폭력, 임금차별 철폐 등의 문제를 제기하고 여성의 주체적 각성과 연대를 목표로 다양한 운동이 제기되었다. 초기의 페미니즘이 법적 평등을 이루어냈다면 1960년대 부활한 페미니즘은 여성의 실질적인 평등을 추구하는 운동이었다.

둘째, 포스트페미니즘은 1980년대 '페미니즘과 단절'이라는 의미로 다시 등장하였다. 1980년대 미국 여성들은 이전 세대의 여성들이 사회 각 분야에서 페미니즘운동을 펼쳤기 때문에 이미 남녀평등이 정착되어 있어 남녀차별이나 여성의 희생 등을 언급하는 것은 시대착오적인 행동이라고 생각하였다. 이들은 페미니즘을 언급하는 사람들은 이기적이고 촌스럽다는 정서적 거부를 나타내면서 자신들이 페미니스트가 아니라고 구분하였다.[14]

팔루디(Susan Faludi)는 이렇게 미국 여성들이 페미니즘으로부터 자신을 구분 지으려고 했던 것은 여성에 대한 공격이나 혐오가 심화되었기 때문이라고 보았다. 당시 미국 경제가 침체되면서 고용불안이 심화되어 일하는 여성에 대한 반감이 깊어졌다는 것이다. 이들은 여성들이 남성의 일자리를 뺏고 있을 뿐 아니라, 결혼을 거부하고 있기 때문에 사회가 불안해진다고 주장하면서 여성혐오를 드러냈다. 그러나 당시 미국 여성들은 일하는 기회는 동등하게 부여받았으나 남성보다 낮은 임금을 받는 임금차별을 받고 있었으며 열악한 처우를 받고 있었다.[15]

---

14 조선정, 52-53.
15 Susan Faludi, Backlash: The Undeclared War Against American Women (New York: Anchor, 1991), 266. https://seminariolecturasfeministas.files.wordpress.com/2012/01/faludi-susan-b acklash-the-undeclared-war-against-american-women.pdf (검색일: 2023.9.5.).

1980년대 미국에서 일어난 이러한 현상은 현재 한국 사회에서 불고 있는 여성혐오 현상과 유사하다. 한국 사회 역시 청년실업난이 심화되면서 부족한 일자리를 놓고 남성이 여성과 경쟁해야 하는 상황이다. 더 이상 남성 혼자 일해서는 가족을 부양할 수 없는 현실 속에서 맞벌이 부부가 증가하면서 가장의 권위를 누릴 수 없는 남성들의 박탈감이 여성에 대한 공격적인 태도, 즉 여성혐오로 나타나고 있다는 것이다.

셋째, 1990년대 포스트페미니즘은 '다양하고 적극적인 여성의 모습을 재구성'하는 의미로 제안되었다. 이들은 기존의 페미니즘이 수동적이고 소극적인 여성상을 비판하면서도 여전히 남성중심의 수동적 여성상을 추구하고 있다고 문제를 제기하였다. 또한 페미니즘은 금욕적이고 남성 혐오적인 입장을 고수하고 있다고 비판하였다.[16]

울프(Naomi Wolf)는 실직적인 문제해결을 위해서는 여성이 가부장제가 만든 남성과의 질적인 차이를 부정하는 차원을 넘어 출세나 성공, 권력 등 남성의 전유물로 생각되던 가치를 여성의 것으로 만들어야 한다고 강조하였다. 남녀평등을 위해서는 여성이 '피해자페미니즘(victim feminism) 을 거부하고 '파워페미니즘(power feminism)'을 추구해야 한다는 것이다. 여성이 희생당하는 피해자라는 것을 인정하는 것만으로는 현실의 문제를 해결할 수 없기 때문에 기존의 관습적 사고방식을 거부하고 참여하고 당당한 자신감을 표현해야 하면서 다양하고 주체적인 여성상을 제시한 것이다.[17]

---

16   조선정, 53-54.
17   Naomi Wolf, Fire with Fire: The New Female Power and How to Use It (New York: Fawcett, 1993), 138

넷째, 1990년대 후반부터 포스트페미니즘은 '미디어에 의해 재현되는 페미니즘'이라는 의미로 사용되었다. 문화비평가들은 현대사회에서 페미니즘은 어떠한 이론가나 운동가에 의해 이해되는 것이 아니라 미디어에서 재현하는 이미지로 수용되고 있다고 지적한다. 이러한 입장은 미디어가 거대한 자본과 조직에 의해 움직이기 때문에 새로운 가치관이나 대안을 생성기도 하지만 많은 경우 사회의 지배적인 이데올로기를 강화하는 방향으로 제작된다는 이데올로기 담론의 연장이라고 볼 수 있다.

미디어는 지속적으로 지배적 이데올로기 또는 헤게모니를 강화하는 방향으로 작동하기에 언어와 기호로 이루어진 미디어 담론의 바탕이 되는 이데올로기를 주목해야 한다. 대부분의 미디어 제작구조는 남성들에 의해 지배되어 있기 때문에 결국 페미니즘은 여성이 사라진 채 남성에 의해 재현된 이미지로서 존재하게 되었다고 평가하였다.[18]

포스트페미니즘은 현대사회의 다양한 여성들의 모습을 미디어가 재현하고 있는 것 같지만 실제로 미디어에 의해 재현된 여성의 이미지가 여성을 구속하는 이데올로기적인 역할을 수행하고 있다는 입장에서 개인과 미디어, 정치의 관계를 분석하는데 집중하였다. 미디어가 여성을 재현할 때 어떠한 이데올로기가 개입하는가, 미디어에서 재현된 여성의 이미지가 여성의 실제하는 삶에 어떠한 영향을 미치는가를 분석하는 담론이 등장한 것이다.

다섯째, 미디어에 의해 재현되는 여성성이라는 개념을 더욱 발전시켜 성(sex)나 젠더(gender)라는 성 정체성 자체를 거부하는 주장들이 등장하였다. 버틀러(Judith Butler)는 생물학적 성(sex)과 사회적 성(gender)이라는

---

18   조선정, 55-58.

기존의 통념을 거부하면서 성 정체성은 태어나는 본질적인 상태가 아니라 사회가 남성과 여성으로 구분하여 지정한 뒤 성별에 맞게 수행을 강제하는 것이라고 비판하였다. 사회가 여러 담론을 통해 성정체성을 강제하면서 개인의 신체를 구속하고 특정한 방식대로 살기를 강요하면서 젠더를 만들어 낸다고 주장한 것이다. 결국 개인은 자신이 원하는 성정체성을 생각해볼 여지도 없이 반복적으로 특정 성별의 역할을 수행하면서 살아가게 된다고 하였다.[19]

버틀러의 관점에서 보면 여성이라는 성 정체성 자체가 성립할 수 없으므로 페미니즘 역시 인식론적 허구에 매몰될 수 있다. 포스트페미니즘은 젠더의 유동성을 전제로 여성의 재현을 정치적으로 분석하는 것이라고 할 수 있다.

3) 포스트페미니즘의 논점

포스트페미니즘은 이렇게 역사적으로 많은 개념의 변화를 포괄하고 있으면서 여성성에 대한 다양한 담론을 가져 왔다. 따라서 하나의 개념으로 정의할 수 없는 한계가 있다. 그럼에도 불구하고 페미니즘이 목표하는 바를 성취한 것으로 보고 그 이후를 논의한다는 것은 공통된 전제이다.

이러한 전제는 두 가지 논점을 만든다. 첫째는 페미니즘의 목표가 이루어졌는가 하는 것이다. 페미니즘은 성차별과 불평등에 기초하여 이루어지는 여성 착취와 억압을 종식시켜 여성해방을 이루고자 하는 사상과 운동으로 19세기부터 여성들은 성차별과 불평등으로부터 여성해방

---

19   주디스 버틀러, 『젠더 트러블』, 조현준 역 (파주: 문학동네, 2008), 114-131.

을 이루기 위해 법적 평등과 실질적 평등을 추구해왔다. 또한 여성억압 또는 여성혐오의 근원이 되는 가부장제 이데올로기가 위계적 이원론에 근거함을 밝히면서 이론적 비판과 함께 사상적 대안을 제시하고자 노력해 왔다.

오랜 역사적 노력을 통해 여성들은 법적으로 남성과 평등한 권리를 누리게 되었지만 아직도 실질적 평등에는 이르지 못하고 있다. 대다수 국가에서 여성들은 남성에 비해 동등한 고용환경에 있지 못하며 임금차별, 경력단절 등의 문제를 경험하고 있다. 이러한 상황을 어떻게 볼 것인가에 대한 견해는 학자들마다 상이하다. 또한 국가와 계층 등에 따라 여성의 경험이 다를 수 있기에 페미니즘 이후를 논의할 수 있는가에 대한 관점 또한 다르게 나타난다.

이렇게 페미니즘의 목표가 이루어졌는가에 대한 관점의 차이는 페미니즘의 궁극적 목표가 무엇인가에 대한 관점의 차이로 인해 더욱 복잡하게 이어진다. 자유주의, 급진주의, 사회주의 페미니즘 등 여러 관점의 페미니즘들은 여성해방을 목표로 한다는 것은 공통적이지만 여성억압의 원인이 무엇이며 이를 극복하기 위한 선결과제가 무엇인가에 대한 관점은 시대적 상황이나 학자들의 관점에 따라 다르게 나타났던 것이다. 이에 대한 합의가 이루어지지 않은 상황에서 페미니즘 이후를 논의할 수 있는가 하는 근본적 문제제기가 있을 수 있다.

둘째, 다양한 포스트페미니즘의 또 다른 논점은 페미니즘 이후의 과제가 무엇인가이다. 포스트페미니즘은 페미니즘의 목표가 달성되었다고 전제하고 이후 페미니즘에 대한 반대부터 성 정체성의 해체까지 다양한 과제를 제시하고 있다.

특히 2000년대 이후 활발하게 논의되는 성 정체성 담론은 이분법적 젠더 규범으로 인해 성 소수자가 주변화되고 소외되는 현상을 비판하면서 생물학적 성차 자체를 거부하고 섹스와 젠더의 구분을 해체하고자 하고 있다.[20]

그러나 소수인 성적 주변인을 위해 타고난 성적 정체성 전체를 해체하는 것이 과연 페미니즘의 과제인가에 대해서는 많은 논란이 있다. 페미니즘은 여성의 관심과 경험, 문제의식에서 출발하였으나 여성은 인종, 민족, 종교, 계층 등에 따라 많은 차이를 포함하고 있다. 다양화된 여성들의 상황 속에서도 공통된 여성억압을 밝혀내고 이를 통해 다른 억압에 대해서도 함께 목소리를 내는 노력을 지속해야 한다는 주장도 있다.

3. 천일국시대와 여성주의 목표

1) 천일국시대의 의미

참부모님은 하늘부모님이 바라던 창조이상이 지상에서 이루어지는 지상천국, 하늘부모님을 부모로 모시면서 인류가 형제로 지낼 수 있는 평화세계를 실현하기 위해 전세계를 무대로 전방위적인 활동을 전개해왔다. 참아버님은 "하늘의 부름을 받은 그날로부터 본인의 일생은 오직 하늘과만 교통하면서 하나님의 뜻을 이루기 위해 뛰는 마라톤 선수의 삶이었다"[21]고 말하였고 참어머님 또한 당대에 반드시 하늘부모님의 뜻을 이

---

20 주디스 버틀러, 64.
21 『평화경』, 1598.

룬다는 결심으로 평화세계를 위한 삶을 살아왔다.

　이러한 이상세계를 참부모님은 천주평화통일국(天宙平和統一國), 천일국(天一國)이고 명명하고 2013년 1월 13일을 천일국이 출발하는 기원절(基元節)이라고 선포하였다. 천일국은 하늘부모님의 창조이상이 실현된 이상세계이다. 하늘부모님은 참사랑을 실체로 느낄 수 있는 대상으로 피조세계를 창조하면서 자녀로 한 남성과 한 여성을 창조하였다. 하늘부모님의 참사랑을 중심으로 성장한 남성과 여성이 부부가 되어 이상적인 가정을 이루면 민족, 국가, 세계로 확대되어 인류가 한 형제로 지내는 평화롭고 행복한 세계를 이루는 것이 창조이상이었다.

　천일국 기원절은 이러한 세계를 실현하는 출발점이다. 참부모님은 천(天)은 두(二) 사람(人)을 뜻한다고 하면서 두 사람이 위의 수평과 아래의 수평 즉 천상세계와 지상세계에서 수평을 이루는 것을 형상화하고 있다고 하였다. 또한 일(一)은 하나되는 통일을 의미하는데 몸과 마음, 부부, 부모와 자녀, 형제 등 분립된 모든 존재가 참사랑으로 화합하는 것을 의미한다.[22] 천일국이란 하늘부모님의 창조이상이 실현되는 궁극적인 나라이자 참부모님을 중심으로 하늘부모님의 나라를 만드는 것이다.

　참아버님은 2005년 1월 1일 연두표어로 '내외 천일국 이상을 완성하소서!'를 발표하면서 내적 천일국은 하늘부모님을 중심한 천일국이고 외적 천일국은 참부모를 중심한 천일국이라고 하였다. 내외천일국은 실체천일국으로 하늘부모님이 참부모님이 하나된 천주의 중심자리에서 출발하여 완성되는 것이다.[23]

22　문선명선생말씀선집편찬위원회, 『문선명선생말씀선집』 364권, 105 (2002.1.1.).
23　오택용, 「천일국 안착과 심정문화 창건에 관한 소고」, 『통일사상연구』 11 (2016): 93.

이러한 천일국시대는 남성과 여성의 관계가 중요한 의미를 가진다. 참 아버님은 "남자나 여자나 수평이 되어 가지고 하늘을 모셔야 돼요. 모시는 그 중심적인 하늘을 중심삼고 내 몸 마음이 하나되어야 되고, 여러분 개체가 완성하고, 그 다음에는 부부가 완성하고, 그 다음에는 부모와 자녀가 하나되고, 부부가 하나되고, 형제가 하나되어야 돼요. 전부 다 두 사람이에요. 주체 대상권이 어디서든지 하나를 이루는 데는 참사랑이 아니면 안 돼요.[24]"라고 하였다. 이 말씀에서 천일국시대 남성과 여성의 관계에 중요한 키워드가 제시되고 있다. '수평', '참사랑', '하나' 등이 강조되고 있는데 그중 '수평이 되어 하늘을 모셔야 한다'는 개념이 중요하다. 천일국시대에는 남성과 여성이 수평, 즉 평등한 위치에서 참사랑을 주고 받으며 하나되어야 하는 것이다.

참부모님은 평화(平和)를 상대와 수평을 이루어 조화를 이루는 것이라고 설명하였다.[25] 평화의 평(平)이 두 존재, 주체와 대상이 수평적인 관계, 평등한 관계를 가지는 것으로 모든 존재가 물리적인 수평을 이루는 것이 아니라 각자의 고유한 개성과 차이를 포용하면서 상호 존중하는 수평이다. 이러한 수평적 관계 위에 조화와 화해를 이루는 화(和)가 이루어지는 것이 평화이다. 즉 평화란 평등한 관계가 전제되는 것이다.[26]

천일국은 천주평화통일국으로 영계와 지상세계, 남성과 여성이 수평

---

24   천12.2.1:6 천일국은 두 사람이 하나된 나라입니다. 두 사람이 하나되는 데는 상하가 하나되고, 좌우가 하나되고, 전후가 하나되어야 합니다. 그다음에 가인과 아벨이 하나되고, 악한 세계와 선한 세계가 하나되고, 지상·천상천국이 하나되고, 하나님과 참부모가 갈라졌던 것이 하나되는데, 전부가 천국 개문을 완성함으로써 기틀이 잡히는 것입니다. 그러면 사탄세계는 자동적으로 물러가게 됩니다. (400-265, 2003.01.03.), 세계평화통일가정연합, 『천성경』 (서울: 성화출판사, 2013), 1286.

25   문선명선생말씀선집편찬위원회, 『문선명선생말씀선집』 86권, 98 (1976.03.07).

26   김민지·안연희·강화명, 『종교, 평화의 길인가』 (서울: 미래문화사, 2016), 166-167.

적 관계에서 참사랑을 주고 받으면서 하나되는 하늘부모님의 나라이다. 따라서 천일국시대란 최초의 남성과 여성이었던 아담과 해와가 타락하여 잃어버렸던 관계, 즉 수평적 관계 위에 참사랑을 나누는 본연의 관계를 찾아야 하는 시대라 할 수 있다.

2) 천일국시대 여성주의의 목표와 과제

그렇다면 천일국시대 여성주의의 목표와 과제는 무엇일까? 본 연구는 2장에서 포스트페미니즘의 여러 의미를 여성운동의 역사적 전개 속에 살펴보고 그 논점을 페미니즘의 목표가 이루어졌는가와 페미니즘의 과제가 무엇인가에 대한 관점의 차이로 정리하였다. 천일국시대 여성주의 또한 이러한 논점에 대해 응답해야 할 것이다.

먼저 천일국시대 여성주의의 관점에서 볼 때 페미니즘의 목표가 이루어졌는가에 대해 논하기 전에 페미니즘의 목표가 무엇인가에 대한 논의부터 정리하고자 한다. 천일국시대 여성주의는 그동안 여성운동에서 지적한 바와 같이 여성억압이 이루어지고 있다는 것을 사실로 인정한다. 다만 이러한 여성억압은 남성에 의한 여성억압으로 현상 속에 나타나지만 엄밀하게 구분하자면 타락으로 인한 여성억압이라고 본다. 즉 타락으로 인해 하늘부모님이 구상하셨던 남성과 여성의 참사랑이 사라져 버렸고 남성은 여성을 사랑하는 것이 아니라 자기중심적으로 이용하고 지배함으로써 여성억압은 물론 남성 또한 사랑의 왜곡 속에 소외를 경험하게 되었다.

하늘부모님의 참사랑 안에서 부부가 상호 인정하고 존중하면서 살도록 창조되었으나 남성이 여성을 억압하면서 여성은 물론 남성 또한 참사랑을 경험할 수 없었던 것이다. 따라서 천일국시대 여성주의의 목표는 여성해방만 아니라 남성해방 또한 포괄한다. 타락으로 왜곡된 남성과 여성의 관계를 창조본연의 관계로 회복하는 것이다. 즉 남성과 여성이 창조본연의 수평적 관계 위에 참사랑을 나누며 화합하는 것을 목표로 한다.

이러한 관점에서 보면 아직 참부모신학의 여성주의가 추구하는 목표는 이루어지지 않았다. 여성의 법적 평등, 경제적 독립 등 여성을 둘러싼 현실적 여건들이 개선되고 있으나 남성과 여성의 평등하고 조화로운 관계는 아직 요원한 현실이다.

이러한 목표를 이루기 위해서는 현실적 실천이 뒷받침되어야 한다. 김항제는 천일국이 도래하는 것인가 아니면 일구어내는 것인가라는 질문을 던지면서 패배주의적 태도나 이상주의적 태도로는 천일국을 이룰 수 없다고 분석하고 비록 인간이 타락한 존재이지만 참사랑을 실천하면서 창조적이고 건설적인 활동을 통해 하늘부모님의 참사랑에 다가갈 수 있다고 지적한다. 천일국을 이루기 위한 현실주의적 태도는 이상과 현실을 주고받는 역동적 관계로 보면서 상호 변화될 수 있도록 노력해야 한다고 지적하였다.[27]

남성과 여성의 수평적이고 조화로운 관계를 형성하기 위한 과제는 다음과 같다.

첫째, 하늘부모님과 독생녀 참어머님에 대한 더 많은 연구가 이루어져야 한다. 역사적 예수가 남성이었기에 기독교는 하나님을 남성으로 인식하고 아버지로 불러왔다. 이는 남성은 신성하지만 여성은 신성하지 않은 존재라는 차별적 인식의 근간이 되었으며 여성억압의 근거가 되었다. 신-남성-여성의 위계적 질서가 공고하게 확립되었던 것이다.

---

27   김항제, 「천일국과 통일교 현실주의」, 『통일사상연구』 4 (2003): 219-224.

참어머님은 천일국 기원절 이후 잃어버렸던 '하늘부모님'의 이름을 선포함으로써 하나님 어머니를 찾아 남성과 여성이 수평적 관계를 맺을 수 있는 근거를 제시하였다. '하늘부모님'은 하나님 아버지와 하나님 어머니라는 용어가 불러 일으키는 이원론의 오해를 불식시키고 남성과 여성이 하늘부모님의 일성을 대표하여 평등하게 창조된 존재임을 밝히는 이름이다. 나아가 독생녀이신 참어머님의 정체성을 밝혀 남성메시아로 기울어져 있던 관계의 축을 수평으로 맞추어 주었다. 전통적 기독교 신학에서 독생녀의 개념은 낯선 것이다. 거의 모든 종교의 구원자는 남성으로 여성은 남성구원자의 부인으로 존재했다. 심지어 가정연합 내에서도 여성이 메시아로 온다는 것은 어불성설이라고 비판하면서 여성은 메시아가 아니라 메시아 부인으로 권위를 가진다고 하였다.[28] 하늘부모님과 독생녀 참어머님의 본질과 그 의미를 더 심층적으로 이해하기 위해 많은 연구가 이루어져야 할 것이다.

둘째, 축복가정을 중심으로 부부의 수평적이고 조화로운 관계를 위한 교육과 캠페인을 실시해야 한다. 천일국시대 여성주의의 목표는 하늘부모님을 중심으로 남성과 여성이 수평적인 입장에서 화합하는 것이다. 이러한 관계를 가정의 부부관계에서 시작된다. 남성과 여성 모두 배우자를 하늘부모님의 일성을 대표한 존재로 존중하고 배려하는 마음을 가져야 한다. 그런 마음 위에 부부가 서로 사랑하여 하나가 되려고 노력하여 하늘부모님이 임재하는 부부가 되어야 한다.

축복가정 중에도 남성중심주의적 시각을 가진 사람들이 있을 수 있다. 남성은 하늘부모님의 형상이므로 여성은 남성에게 종속되어 남성을

---

28 김영휘, 143.

모시고 따라야 한다고 생각한다면 하늘부모님이 임재하는 가정이 될 수 없다. 따라서 천일국시대 여성주의적 관점에서 축복가정이 모두 참된 부부가 되어 하늘부모님이 임재하는 천주의 중심자리가 될 수 있도록, 참다운 사랑과 행복을 느낄 수 있도록 교육하여야 할 것이다.

이러한 교육은 축복가정을 중심으로 시작하여 누구나 참여할 수 있는 내용으로 천일국시대 참다운 부부, 참다운 가정을 만드는 캠페인과 병행한다면 가정연합의 이상과 비전을 알리는 계기가 될 것이다. 이러한 교육과 캠페인은 남성과 여성에 대한 근본적인 인식을 전환하게 하여 한국 사회에서 깊어지는 남녀 혐오와 갈등의 골을 메우는 지름길이 될 것이다.

셋째, 천일국시대 여성주의는 가정의 가치를 수호할 수 있는 교육컨텐츠와 정책을 개발하여 사회적 대안을 제시하는 범국민적 참가정운동을 펼쳐야 한다. 한국 사회는 현재 비혼과 저출산의 문제가 심각한 수준에 이르러 있다. 2022년 한국의 합계출산율은 0.78명으로 OECD 38개 회원국의 평균(1.58명)의 절반에 불과했다. 이렇게 출산율이 낮은 이유로 결혼과 출산에 대한 청년들의 가치관과 사회제도가 꼽힌다. 특히 결혼과 출산을 긍정적으로 생각하는 청년이 감소하는 것은 주거비 상승과 일과 가정을 병행하기 힘든 사회문화 때문인 것으로 분석된다.[29]

천일국시대 여성주의는 청년들이 결혼과 출산에 대해 긍정적인 인식을 가질 수 있도록 가치관 교육과 캠페인을 전개하는 동시에 일과 가정을 양립할 수 있는 문화를 정착하기 위한 정책 제안과 캠페인도 펼쳐야

---

29 권지원, 「무엇이, 왜 그들을…엄마 아빠 되긱 두려운 한국」, 『뉴시스』 2023.9.24. https://
    newsis.com/view/?id=NISX20230922_0002461325&cID=10201&pID=10200 (검색일:
    2023.9.28.)

할 것이다. 그동안 가정연합의 참가정운동은 가정의 가치를 중심으로 결혼과 출산의 참된 의미를 교육하는데 집중해왔다. 이와 함께 이러한 참된 가치를 실현하는데 걸림돌이 되고 있는 여러 문화와 제도를 개선하기 위한 실천적인 운동을 병행한다면 천일국시대 참가정의 문화가 정착하는데 기여할 수 있을 것이다.

4. 젠더갈등을 넘어 젠더평화로

참아버님은 2012년 7월 16일 아벨 여성유엔 창설대회 기조연설에서 "새로운 세계적 현실을 외면하거나 직시하지 못하는 지도자들은 쓰나미처럼 밀려오는 변화에 씻겨 가고 말 것입니다. 이제 우리는 새로운 기회와 가치관을 맞이하는데 과감히 나서야 할 때라고 믿습니다."라고 말씀하면서 바로 이어 여성은 남성의 보조자나 보호의 대상이 아니라 하나님의 일성을 대표하며 남성을 완전하게 해주는 독립된 인격자, 남성의 존귀한 사랑의 대상자라고 규정하면서 "남녀는 절대 평등한 존재"라고 밝혔다.[30]

이렇게 참아버님은 섭리의 진전에 따른, 변화된 시대의 새로운 가치관으로 남녀가 절대 평등한 존재라는 것을 명시적으로 밝혔지만, 남성중심적 시대의 가치관에 머물러 있는 일부 사람들은 섭리의 진전에 따른 새로운 가치관을 받아들이지 못하고 하나님 어머니와 어머니메시아는 존재하지 않으며 하나님의 부인과 메시아의 부인만 가능하다고 주장하고

---

30 『평화경』, 1001.

있다.[31]

　이러한 시대적 상황 속에서 천일국시대 여성주의는 어떠한 의미와 과제를 가지는가를 탐구하기 위해 본 연구는 포스트페미니즘의 논점이 여성해방의 목표와 과제임을 밝히고 참부모신학의 여성주의의 신관과 메시아관, 인간관을 정리하였다. 이를 바탕으로 천일국시대 여성주의는 남성과 여성이 이러한 본연의 수평적 관계 위에 참사랑을 나누며 화합하는 것을 목표로 한다는 것을 제시하였다. 이러한 목표를 이루기 위해 하늘부모님과 독생녀 참어머님에 대한 더 많은 연구가 이루어져야 할 것, 축복가정을 중심으로 부부의 수평적이고 조화로운 관계를 위한 교육과 캠페인을 실시할 것, 가정의 가치를 수호할 수 있는 교육컨텐츠와 정책을 개발하여 사회적 대안을 제시하는 범국민적 참가정운동을 펼칠 것 등의 과제를 제시하였다.

　마음과 몸, 남성과 여성, 영계와 지상계 등 이원론으로 구분하여 인식해 왔던 모든 두 존재가 수평적 관계를 맺으면서 조화를 이루는 천일국시대는 평화의 시대라 할 수 있다. 참아버님은 "하나님의 창조이상 아래 하나된 남성과 여성은 동위·동참권뿐만 아니라 서로의 것을 자기 것으로 공유함으로써 참사랑을 중심삼고 가치적으로 완전히 평등한 존재가 되도록 창조되었"다고 말씀하면서 "21세기는 여성이 남성들과 더불어 평화세계의 견인차의 한 바퀴를 담당한 세계사의 주역이 되어야"한다고 하였다.[32]

　남녀가 평등한 새로운 가치관 위에 하늘부모님과 참부모님의 가치를

31　김영휘, 143.

32　『평화경』, 1001.

새롭게 인식하고 참다운 부부관계, 참다운 가정의 가치를 정립할 수 있는 21세기 평화운동이 천일국시대 여성주의 운동으로 일어날 수 있기를 제언하며 향후 더욱 발전적 논의가 이어지기를 기대한다.

세계평화통일가정연합 **여성신학 개론**

인쇄일   2025년 2월 25일
발행일   2025년 2월 28일

저   자   김민지

발행인   이경현
발행처   (주)천원사
　　　　신고번호 | 제302-1961-000002호
　　　　주소 | 서울시 용산구 청파로 63길 3(청파동1가)
　　　　전화 | 02-701-0110
　　　　팩스 | 02-701-1991

정   가   15,000원
ISBN 979-11-94221-21-0 03230

* 청파랑은 ㈜천원사의 임프린트입니다.
* 잘못된 책은 구입하신 서점에서 바꾸어 드립니다.